JN060602

早稲田教育叢書42

『探究』型授業のモデルと実践

―日本中世を事例に―

高木徳郎 編著

学文社

はしがき

2018（平成30）年度に告示され，2022（令和４）年度より適用開始となった高等学校学習指導要領（以下，指導要領とする）により，地理歴史科においては，１年生の必履修科目として『歴史総合』・『地理総合』が，２年生以降の選択科目として『日本史探究』・『世界史探究』・『地理探究』が新たに設置された。このうち，歴史系科目では，高等学校におけるいわゆる「世界史未履修問題」への対応として，『歴史総合』をどのような科目とすべきか，あるいはその内容構成をどうすべきかについて，学界・教育界を挙げて活発な議論が繰り広げられたことは記憶に新しい。

しかしその一方で，従来の『日本史Ｂ』・『世界史Ｂ』をそのまま継承するかのようにみえてしまった『日本史探究』・『世界史探究』については，残念ながら，問題関心が低調なまま，2023年春，現場での授業がスタートしてしまった。ただ，今回の指導要領では，「主体的・対話的で深い学び」という大きなスローガンのもと，『日本史探究』・『世界史探究』でもそれを具体的にどのように実践するかが示されており，生徒自身が授業の節目節目において，「時代を通観する問い」を発したり，資料（史料）に基づいて仮説を立て，それを検証したりするような探究的な授業作りが求められている。このような授業が実現すれば，ともすれば従来，「知識詰め込み型」などと批判され続けてきた，教師による一方的な講義形式の授業スタイルは大きく様変わりせざるを得ないだろう。

では，このような授業を実現するための教材の準備はどうであろうか。もちろん，今回の指導要領に合わせて，高等学校で使われる教科書や資料集などの副教材にも一定の改訂が施され，その印象は大きく変わっている。しかし，上記のような探究的な学びにおいては，ひとつの歴史的事象について，より多角的な角度から考察と理解を深めていく必要があり，それを可能とする複数の資料（史料）の準備が必要となってこよう。もちろん紙幅の制約はあったであろうが，このたび改訂された各教科書会社の教科書をみる限り，残念ながら，それが十分整っているようには思えない。

そこで本書では，教科書や資料集等に掲載されている資料（史料）の不足を補い，より探究的で掘り下げた授業のあり方を提案するための具体的な授業案をいくつか提示している（第３章～第６章)。とりわけ本書の大きな特徴は，その授業において使用する個々の史料について，その原文・読み下し文・現代語訳・語釈・解説を付している点である。実際の授業で史料を使う場合，生徒の学習意欲や理解度等の深浅によって，漢文で記された原文をそのまま使うのか，読み下し文を使うのか，あるいは現代語訳を使うのかは学校によって差があろうし，生徒の理解を助ける様々なワークシートを用意する場合もあろう。本書では個々の教師が，現場での必要に応じて様々にカスタマイズしやすいよう，本文と史料編をそれぞれ独立させる構成とした。これにより，単なる授業実践報告集としてではなく，史料集としても使って頂けるような構成となっている。また，第１章・第２章では，今次の指導要領の問題点を指摘した上で，それを克服するための方法論を具体的に提示し，とくに第１章ではそれをモデルとして示した。第２章では，第３章～第６章の授業実践例と同様，史料編を付し，指導要領の問題点を具体的にどう克服していくのかを，実際の授業案を示す中で検討した。

本書は，編著者の専門分野により，日本中世史に限定した授業案を集める形となったが，もちろん本書のような書物は教科書の全時代をカバーする形で刊行されることが望ましいことはよく承知している。そうした方向性については，今後さらに検討していくこととしたい。

2024年３月吉日

高木　徳郎

目　　次

第1章

学習指導要領の改訂と「日本史探究」の授業像について

高木　徳郎

はじめに

2018年（平成30）７月に改訂・告示された新しい高等学校学習指導要領（以下，単に指導要領とする）において，地理歴史科の歴史分野では初めて「歴史総合」および「日本史探究」・「世界史探究」という科目が設置され，2022年（令和４）４月，いよいよそれが適用開始となった。これによって高等学校における歴史教育は従来のそれとは大きく変化するものと見込まれる。

これに関連して，歴史学界や学校教育の現場では，いわゆる「世界史未履修問題」[1)]に端を発した一連の問題に一定の決着を付けるものと位置づけられた「歴史総合」という科目の内容がどうあるべきか，また実際の教室でそれをどう教えるかという議論が活発に行われた反面，従来の「日本史Ｂ」・「世界史Ｂ」を継承する科目と位置づけられた「日本史探究」・「世界史探究」をどう教えるか，という議論はおおむね低調であったように見受けられる。しかし，改訂された指導要領をよく読むと，そこには従来の歴史教育の常識的なあり方からすると看過し得ない重大な問題が含まれていることに気付く。学習指導要領には一定の拘束力があり，多くの学校や教師，さらには教科書会社では，これに沿った授業や教科書作りが求められる中，「歴史総合」ばかりではなく，「日本史探究」・「世界史探究」に関しても，学界・教育現場が一体となった議論が必要であろう[2)]。

こうした点をふまえ，筆者は2021年５月，教育現場と研究者コミュニティがより緊密に結びつく場が必要ではないかとの認識から，指導要領にみられる問題点を克服し，どのように新科目「日本史探究」の授業を行っていくか，また教科書のあり方はどう変わっていくべきかという議論を行うための勉強会を開始した。当初，名前もなかったこの勉強会は，翌年，「日本史研究と教育をつなぐ会」（略称：つなぐ会）として改めて活動を開始し，本書で初めてその成果を世に問うこととなった。2021年５月に行ったキックオフのミーティングにおいて，この勉強会の狙いを当面，以下のような形で文章化したので，ここでは備忘のため，その全文を記しておこう。

⑴　高等学校学習指導要領（平成30年（2018）７月告示／令和４年度（2022）より施行）において，地理歴史科にこれまでの「日本史Ｂ」に代えて，「日本史探究」が新設されたことを受け，同要領の「解説」で提示されているこの科目の改訂の要点，性格や目標，学習内容の構成などをふまえ，そこから読み取れる新しい日本史の授業のあり方と，それを支える教科書のあり方を具体的に提起すること。

⑵　現行の高等学校学習指導要領（平成21年（2009）告示）から引き続いて，日本史の学習においては，「資料の活用」がきわめて重要であること，また，そうした資料には多様な性格をもつものが多数あり，それらを比較検討したり，批判的に解釈することが重要であることが謳われている点をふまえ，教科書に掲載されるのにふさわしい新たな資料を提案または作成し，それらを実際の授業等でどう活用するのかを具体的に提起すること。

⑶　学習指導要領は行政文書であり，多くの学校ではこれに沿った授業が求められ，教科書もこれに沿った編集が求められているが，一方でほぼ10年ごとに改訂が繰り返されてきている点もふまえ，学習指導要領の内容を，学

術的・専門的な見地から批判的に検証し，とくに近現代史分野に比較して研究の蓄積が貧弱な前近代史分野における歴史教育のあり方に関して，歴史研究と歴史教育の接続の方法を含めて，具体的に提起すること。

本章は以上の点をふまえ，次章以降において主に(2)の点が具体的に展開されるのに先立ち，とりわけ(1)の点に関わって，現時点で考え得る授業構成のモデルと授業・教科書のあり方を提起し，あわせて(3)についても若干の見通しと展望を述べることを目的とするものである。

1．新旧学習指導要領における「学習の構成」の変化

(1)　旧学習指導要領における授業構成上の特徴

ここではまずはじめに，今次の指導要領の特徴を明らかにするために，平成21年（2009）に告示された旧学習指導要領に示された「学習の構成」すなわち年間の授業構成の特徴を示しておこう。

旧学習指導要領においては，各時代（原始古代・中世・近世・近現代）の通史学習の冒頭に，「歴史の資料」（＝原始・古代の通史学習の冒頭），「歴史の解釈」（＝中世の通史学習の冒頭），「歴史の説明」（＝近世の通史学習の冒頭）という項目が入り，近現代史の通史学習の最後，すなわちすべての通史学習の最後に「歴史の論述」という項目が入るという，図１－１に示したような構成になっていた（図そのものは筆者作成)。年間の授業がこうした構成になっている狙いは，歴史が「資料に基づいて解釈され，説明され，論述されている」ことを理解し，学ばせることにあったと思われ，資料を活用して歴史上の諸事象を考察する能力を育成することに大きな目標があったものと推察される。しかし，この旧学習指導要領に基づいて実際に発行された教科書を手に取って見てみると，「歴史の資料」・「歴史の解釈」・「歴史の説明」・「歴史の論述」という上述の項目の位置づけは，確かにそのような見出しのついたページが存在しはするものの，各時代の膨大な量の通史記述と通史記述の間に，言わば「コラム」

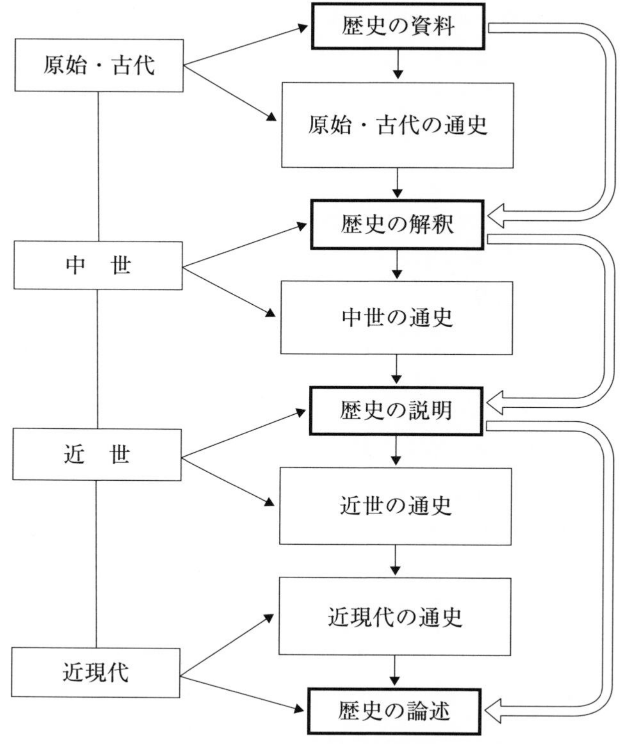

図１－１　旧学習指導要領が示す「学習の構成」

や「トピックス」的なページとして挟み込まれる程度に終わっており，結果，旧学習指導要領において重要な位置づけがなされているこれらの項目（「歴史の資料」・「歴史の解釈」・「歴史の説明」・「歴史の論述」）は，学校現場の実際の授業においては，読み飛ばされるか，生徒自身の自主的な関心の喚起に委ねられて，教師による教室における実際の授業としては取り上げられないことが多かったのではないかと想像される。とくに大学受験に向けた学習に力を入れる中堅～進学校であればあるほど，その傾向は強かったのではないかと推測され，教科書においても，通史学習に多くのページを割いた，従来からある知識詰め込み型のスタイルとなっているように見受けられる。そのため，せっかく「歴史が資料に基づいて解釈され，説明され，論述されている」ことを学ばせるという旧学習指導要領の「理念」も，実際の教育現場ではほとんど実現できない結果に終わってしまったとみなさざるを得ない。

(2)　新しい学習指導要領による「日本史探究」の授業構成上の特徴

このような旧学習指導要領に対し，このたび改訂された新しい指導要領においては，おおむね図１－２に示したような学習の構造が示されていると考えられる[3)]。

このうち大項目とは，Ａが「原始・古代」，Ｂが「中世」といったように，大枠の時代区分を表しており，この点に大方の異論はなかろう。問題は次の中項目である。まず，中項目(1)では，対外的な環境や交流，国内諸状況の大きな変化から，国家・社会の変容を考察し，それをふまえて生徒自らが「時代を通観する問い」を立てることになっている。例えば，大項目Ｂの中世であれば，日宋貿易や東アジア情勢の変化，武士の台頭などの国内外の大きな社会変容が

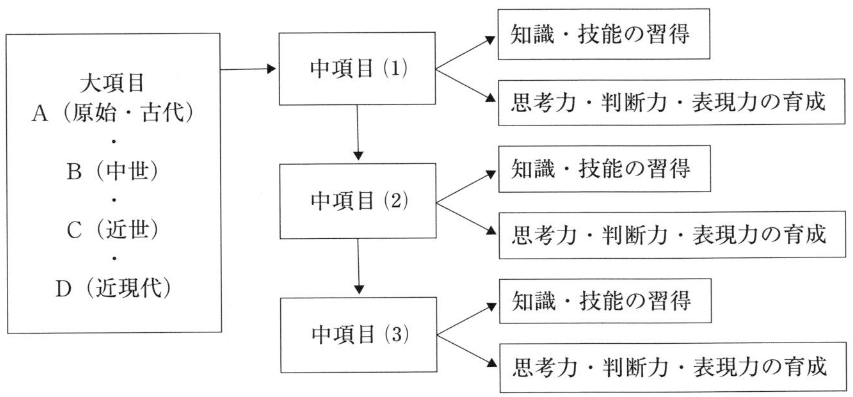

図１－２　新学習指導要領が示す「学習の構成」

これに該当すると思われるし，大項目Ｃの近世であれば，キリスト教や鉄砲の伝来，戦国時代の終焉から統一政権の成立など，やはり大きな社会変容があったことが想起されよう。これらの事柄を念頭に，教師は生徒が見出したある事象に対する疑問（問い）について，その事象の影響や広まりに関する，生徒の理解が深まるような指導を工夫する，とされている（文部科学省編『高等学校学習指導要領解説』（以下，単に『解説』とする）197頁）。これについては既に多くの学校現場から，その困難さを指摘する声が相次いで届けられているが，それは単に従来の「知識詰め込み型」で一方的な講義形式に慣れた教師からの嘆きとだけは言えない問題点もあるように思われる。いずれにしても，これを可能とするためには，生徒自身が「時代を通観する」適切な問いを立てられるよう，教師から適宜，発問したり，対話のキャッチボールをするなどの周到な「お膳立て」が必要となり，それがいわゆる「誘導尋問」にならないような工夫も大切となり，教師側にも高い力量が求められていると言える。

次に，中項目⑵は，この中項目⑴で立てた問いに対して，資料（史料）に基づいて何らかの仮説を立てることになっている。ここでも教師は，生徒自身にこの仮説を立てさせるため，資料（史料）と時代の特色の関係を結び付けるような「問いかけ」を適宜に発することが求められており，やはり教師の高い力量に期待が寄せられているように見受けられる（『解説』198頁）。言うまでもなく，ここで想定されているのは，対話型・アクティブラーニング型の授業であり，従来のような，教師が一方的に講義するようなタイプの授業とは真逆の授業であると言えよう。

また，『解説』では，この中項目⑵のもうひとつの大きな狙いとして，資料（史料）を活用する技能の習得が挙げられており，資料の有効性や基本的な特性をふまえ，生徒が資料から適切に情報を読み取れるよう，教師には資料の取捨選択に十分留意することが求められている（『解説』199頁）。ここでいう「資料の有効性」や「特性」については，例えばある文献史料が一次史料（作成者が直接見聞きして記録したもの）か二次史料（伝聞や一次史料に基づいて後世に編纂されたもの）か，あるいは解釈や感想が混じったものかなどを考えさせることなどを通じて理解させ，資料（史料）には必ず「有効性」と「限界」があることを教えることなどが想定されている（『解説』206頁）。さらに，考古資料等では，自然科学的な年代測定など，遺構や遺物がどのような方法で調査されたものかなどに触れることが想定されるなど，高度で専門的な内容が述べられている（『解説』212頁）。大学教員としては，このようなことは大学の史学科で学ぶような事柄ではないか，と正直戸惑いを禁じ得ないが，それでも本当にここまでのことを学んだ上で大学に入ってきてくれるのであれば，大学の授業はどんなにか楽になるに違いない。

なお,『解説』では, こうした資料についての学習を通じて, 歴史資料や遺構・遺物，町並みや景観などの文化財に関して，その保存・保全に向けた様々な努力が払われていることに注意を向けさせることを通じて，文化財保護への関心や地域の文化遺産を尊重する態度を養うことが重要とされている点も見逃せない（『解説』198・199頁）。近年，中学・高校での学習に博物館・美術館を積極的に活用し，博物館・美術館の側でも，生徒を単にお客として迎え入れるだけでなく，調査・研究活動や展示活動なども含めた，博物館機能の一端を生徒に担ってもらうなどの「博学連携」が進んできており，これをさらに推し進めようという指導要領の姿勢は高く評価できよう。

最後の中項目(3)は, 従来の一般的な通史学習を行う項目と考えられる。但し，各時代の冒頭部分の通史（大項目Ａ（＝原始・古代）では，旧石器～弥生時代まで。大項目Ｂ（中世）では，院政～平氏政権まで）は，中項目(1)で取り扱う想定になっている点に注意が必要であろう。すなわち，中項目(3)とは，通史とは言っても，それらの部分を除いた，残りの部分の通史をここで取り扱うことになっているのである。

このように，今次の指導要領の特徴は，各時代の通史学習と通史学習の間に，「時代を見通す問いを立てる」学習と，「資料に基づいて問いに対する仮説を立てる」学習とが配置される構成となっていることに加え，従来の通史学習に相当する中項目(3)の中でも,「資料を活用して歴史を考察したりその結果を表現したりする力を段階的に高めていく」など，授業の中で資料（史料）を取り扱う時間を大幅に増加させることが求められている点にあると言える。この点，旧学習指導要領（本文）では，「資料に基づいて歴史が叙述されていること…を理解させる」との記述が，「原始・古代」の「内容」にかけてのみ記載されていたのに対し，今次の指導要領（本文）では，同様の「諸資料に基づいて歴史が叙述されていることをふまえて多面的・多角的に考察」との記述は，すべての時代の「内容の取り扱い」にかけて記載されている（「本文」68頁）点とも符合し，資料（史料）に関する学習の比重は，以前に比べ大幅に増加させる必要があることがうかがえる。

2．新指導要領の問題点とその克服

以上のような特徴をもつ今次の指導要領であるが，『解説』やそれを図化した図１－２のような形で実際に授業を進めたり，教科書を執筆しようとすると，本稿の冒頭に述べたように，従来の歴史教育の常識的なあり方からするとまったく看過し得ない，重大な問題があることに気付くことになろう。

それは，まず第一に，中項目(2)の「資料に関する学習」が他の中項目から独立して設けられていることによる，通史が“解体”される懸念である。例えば，大項目Ｂの中世は，11世紀後半から16世紀末までという，およそ500年におよぶ歴史を取り扱うが，その中で取り扱うべき多種多様な特性をもつ資料（史料）を，ここでまとめて取り扱うという建て付けになっている。このため，通史学習を行う中項目(3)では，必ずしも資料（史料）を取り扱わなくてもよいことになっているのである。しかし，当然のことながら，常識的な歴史の学習では，資料（史料）について学ぶといった場合，その資料に付随する様々な知識（登場人物相互の関係や事件の背景など）についても学んでいくことになるが，そこでは当然，後の中項目(3)の通史学習で学ぶような事柄も多く含まれているのが一般的である。したがって多くの場合，通史の学習を順次進めながら，要所要所でその基盤となっている資料（史料）を確認していくというのが通常の歴史学習の進め方であろう。しかし，指導要領が示すように，歴史叙述の基盤となっている資料（史料）とはそもそもどういうものなのか，ということを一般論として理解させるために（通常，歴史研究の世界では，こうしたことは史料学とか古文書学といった別分野の研究として進められるのが現在の実情であろう），その有効性や限界，特性に触れながら，個々の具体的な資料（史料）について学ばせるとなると，当然，その学習と後の通史学習との兼ね合いが問題となってくる。実際に，『解説』では，摂関政治（10～11世紀）の時代の貴族の日記についての学習をした後に，時代をいったんさかのぼって，古墳時代（３～７世紀）以降の通史学習が始まるといった，きわめて奇妙な構成になっている。

こうした問題を克服するためには，資料（史料）を使って中項目⑴の「時代を通観する問い」を立てさせ，資料（史料）を使って中項目⑶の通史を学ばせるというような，中項目と中項目とを「往復」させながら授業を構成していくのが現実的であろう。その方が，資料（史料）を「活用」しながら歴史の考察を深め，その結果を表現する力を培うという，指導要領の理念とするところの実現に近づくことができるのではないだろうか。これについては次節で改めて述べることにしたい。

そして問題点の第二は，今次の指導要領の「目玉」とも位置づけられている中項目⑴の「時代を通観する問い」の困難さである。前述したように，これについては早くも多くの現場の教員から，その実現の非現実性が指摘されている。そもそも，Ａ～Ｄに分けられたそれぞれの大項目で取り扱う時間の長さはＡの原始・古代では800年以上，Ｂの中世でも500年に及ぶ。そのような長い時間的射程の特徴を捉えるような「問い」を，これから通史を学習しようとする前の個々の生徒自身に立てさせるのは，誰の目にも無理があろう。つまりこれは，大項目Ａ～Ｄの射程（学習範囲）が長すぎるのであり，そのそれぞれの時代の全過程を一つの「問い」に集約しなければならない必然性もないのではなかろうか。ちなみに，『解説』では，大項目Ａ（原始・古代）の「時代を通観する問い」の具体例として，「集落や国家は何を契機とし，何を目的に形成されたのだろうか」という問いが，また，大項目Ｂ（中世）では，「なぜ中世では，同じ時期に，政治や社会に力をもつ人や集団が複数存在していたのだろうか」（『解説』210・220頁）という問いがそれぞれ挙げられている。果たしてこの問いに答えられる専門家・教師はいるだろうか。また，弥生時代や古墳時代に，列島の各地に集落が形成されていった契機や目的と，律令国家と呼ばれるような国家が形成されていった契機や目的は，果たして同じ次元で議論できるような問題であろうか。甚だ疑問であるし，中世についての問いに至っては，まさにこれこそが中世という時代の特徴であって，問いそのものが答えとなっているかのような，きわめて奇妙な問いとなっている。通常は，中世の通史学習を一通り終えてから，こうした疑問が湧いてくるのであって，いくら中学校で一定の通史学習を終えているからとは言え，このような疑問を最初から持つことできる生徒に対しては，もはや何も教えることはないと感じるのが，教師の率直な感想なのではなかろうか。

問題点の第三は，第一の問題点とも関わるが，中項目(2)を独立させることにより，本来，緊密に関係すべきものである中項目(2)＝資料の学習と(3)の通史学習とが分離してしまう懸念があるという点である。本来，歴史学の学問的立場からすれば，個々の歴史的事象の理解（中項目(3)で学習）こそ，個々の史料（資料）の厳密な解釈の上に成り立つべきものであり，両者が分離してしまうと，中項目(2)を独立させることのそもそもの狙い（資料＝史料を重視して学習を組み立てる）が無意味になってしまいかねない。中項目(2)と(3)は，互いに関連させて学習させてこそ，指導要領が謳う「歴史（学）が『資料に基づいて叙述されている』ことを理解させる」ことに繋がるのではないか。

また，中項目(2)の資料についての学習では，『解説』に「複数の適切な資料を活用し」（『解説』198頁）とあるものの，個々の箇所に具体的にどういう資料を使えばよいかが例示されておらず，「適切な資料の選択」を個々の教員に委ねる形となっているのも問題が多い。現在の学校教育の現場では，大学等で日本史を専門的に学んだ教員ばかりが日本史を教えているとは限らず，そうした専門外の教員に，「複数の適切な資料（史料）」を自ら見出させるのは，かなり荷が重いタスクと言わざるを得ない。このような内容を実現するためには，必要にして十分な数の「適切な資料・史料」が，教科書や副教材に掲載されている必要があり，そのような教科書のあり方は，従来の教科書の様態を根本的に変える可能性があろう。スペースの問題もあり，現在の一般的な教科書では，一つの事柄についての資料（史料）は一点載っているかいないかである。それを，「複数の適切な資料を活用し」とするならば，複数の資料（史料）が教科書に載っていなければならず，もしくは副教材などから探すことができなければならないが，もしそうなるとするならば，教科書は史料集のような様態にならなければならなくなるだろう。その上で，実際の授業についても，複数の資料（史料）から様々な事象の実態を解き明かしていくような授業展開が求められることになり，やはり教師にはきわめて高い力量が求められることとなろう。

３．新学習指導要領と「日本史探究」の授業展開モデル

では，以上のような問題点をある程度克服し，現実的に指導要領の理念とするところを実現する授業展開のモデルは具体的にいかに構想され得るだろうか。ここではひとまず，指導要領が提示する授業の特徴である⑴時代を見通す問いの形成，⑵資料（史料）に基づく仮説の形成，⑶通史の学習という中項目の基本構成を活かすことを前提にしながら，上述の問題点の克服を期して，図１－３のような授業展開モデルを提示したい。

このモデルの特徴は，大きく次の３点に集約される。まず第一に，大項目の中を時代の進行に応じて３つ程度のタームに細分している点である。但し，近現代史にあたる大項目Ｄは，時代の大きな流れがめまぐるしく，かつ複雑に展開することから，４つないし５つ程度に細分するのが妥当であろう。このように，指導要領では大項目を細分することなく，いきなり中項目に分けているところ，時代の進行に応じて３～５つのタームに細分するのは，言うまでもなく前節で指摘した問題点の第二に対応するためである。つまり，指導要領では，「時代を通観する問い」をそれぞれの大項目の中で取り扱う時代の全過程に対して立てることが想定されている。つまりここで言う「時代」は，大項目Ａな

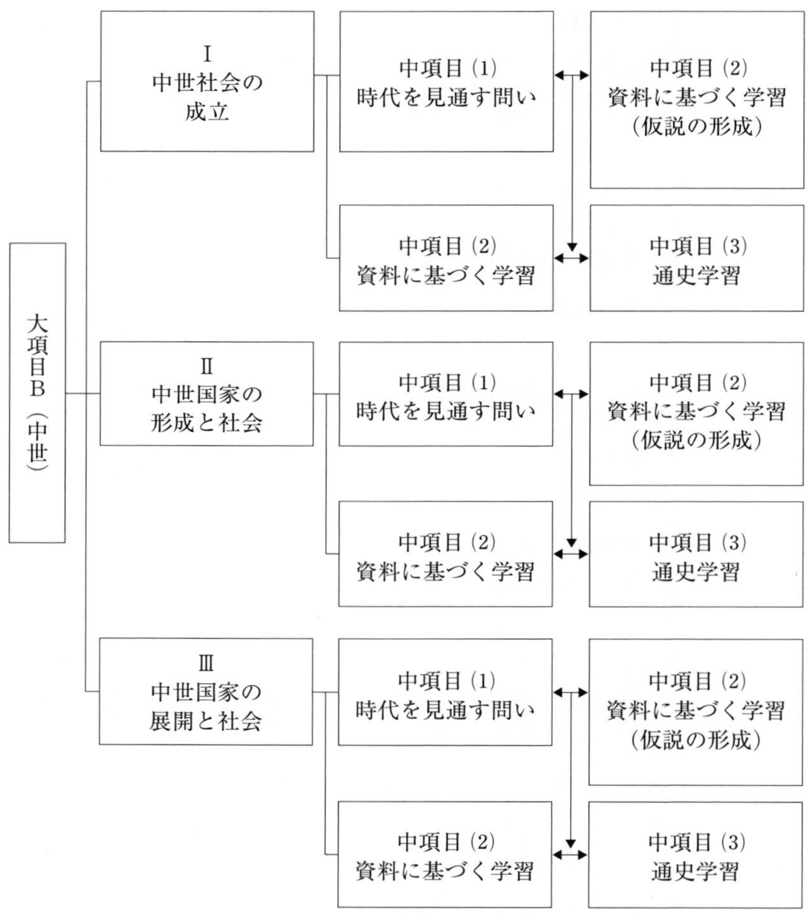

図１－３　本章が提案する「学習の構成」

ら「原始・古代」，大項目Ｂなら「中世」の全体に対して，それを通観する問いをたてることになるが，前節で指摘した通り，それはあまりに対象となる時代の時間的な幅が長すぎて無理があろう。そこで，大項目Ａであれば，Ⅰとして「原始社会の展開」，Ⅱとして「古代国家の成立」，Ⅲとして「古代社会の展開と変容」などというように，大項目Ｂであれば図１－３のように[4)]，全体を３タームに細分し，そのそれぞれで「時代を通観する問い」を立てさせてはどうだろうか。ここで各タームが対象とする「時代」は，例えば大項目Ａ（原始・古代）ではⅠが古墳時代まで，Ⅱが飛鳥・奈良時代，Ⅲが平安時代中期頃までを想定するのが妥当であろうし，大項目Ｂ（中世）では，Ⅰが院政期（平安時代後期），Ⅱが鎌倉時代，Ⅲが南北朝・室町・戦国時代といった区分になり，現在の研究状況からみても，おおむね無理のない区分と言えるのではなかろうか。もちろん，このように細分したとしても，前節で指摘したように，通史学習を行う前に，後から学習する時代を見通すような問いを生徒自身が立てる困難さは依然残るかも知れない。この点については後述したい。

次にこのモデルの第二の特徴は，中項目⑵の「資料（史料）に基づく仮説の形成」を「資料（史料）に基づく学習」に読み替え，これをハブとして中項目⑴と中項目⑶の学習をそれぞれに展開している点である。つまり，中項目⑴の「時代を通観する問い」を形成する際には，教師がそれにふさわしい資料（史料）を提示した上で，それに基づいた仮説を形成させる一方で，中項目⑶の「通史学習」においても，従来同様，要所要所で基本的な資料（史料）を参照したり，解読したりしながら，通史の理解を深めていく学習を展開する。但し，それぞれの場面でどのような資料（史料）を使うかは一定の吟味が必要で，とくに前半の「時代を通観する問い」を形成させるために使わせる資料（史料）は，それ自体で「時代を通観する」ことが可能となるような資料（史料）を選ぶ必要があろう。一方，中項目⑶の通史学習を進める際に参照する資料（史料）は，個々の事件や事柄を理解し，その背景や意義を考察するために用いる資料（史料）であり，それはおのずと，前述の「時代を通観する問い」を形成するために使う資料（史料）とは性格が異なるだろう。つまりこの選択を誤ると，前節の問題点の第一で触れた，通史を解体してしまう懸念があるので注意が必要であろう。ただ，どのような基準をもってこれらの資料（史料）を区別するかは，最終的には教師の歴史観や時代認識によるところも大きく，識別することは難しい。そこで，何より必要となってくるのが，しっかりとした解説のついた資料集・史料集であるが，現状，その整備は必ずしも十分とは言えない[5)]。本書はそうした認識のもと，第３章以降で展開する授業実践例において，資料（史料）をふんだんに用いた実践を提案し，なおかつ使用する個々の史料に詳細な読み下し文・現代語訳・解説等を付すことにした。

最後に特徴の第三は，中項目(3)の通史学習を進めるのにあたって，常に中項目(1)の「時代を通観する問い」を見直しながら進めるという点である。前述したように，やはり高等学校における歴史教育というレベルでは，通史学習を始める前の生徒たち自身に，これから学ぶ時代の全体像を「通観する」ことは，たとえ中学校において一定の通史学習を終えているとは言っても，大きな無理がある。しかし，通史学習を進めながら，この時代が前の時代とどう違うのかを考察したり，あるいはⅠ～Ⅲの各タームを終えるにあたり，この時代の特質とは何だったのかをもう一度振り返ったりすることは大切なことであろう。そのことによって，自分が最初に立てた仮説を振り返り，場合によってはそれを修正したりしながら，少しずつ自分なりの時代像，歴史認識を醸成していくことが重要なのではなかろうか。授業時間が足りなければ，そうした作業を課題として提出させてもよいだろう。いずれにしても，中項目(1)と(2)で立てた仮説を，仮説のまま放置しないことが重要であろう。

おわりに

以上，本稿では，指導要領の要点とその問題点を整理した上で，それを克服し，「日本史探究」の授業を具体的にどう進めていくかの授業展開モデルを提起した。もちろん，すべての高等学校でこのモデルが通用するとは考えていないし，まだまだ解決されていない問題や取りこぼした議論も多かろう。次章以降で展開される実践例も，必ずしもこのモデルに沿って展開されたものではないが，冒頭に述べたように，「歴史総合」に比べ，はるかに実践報告の蓄積の少ない「日本史探究」の授業実践において，本書が現場の教員の授業作りのヒントと，授業で使える史料をしっかりとした解説付きで提供するものとなれば幸いである。

【注】

1）　高等学校で必履修とされている科目を履修させず，大学受験に必要ないしは重視される科目を重点的に学ばせている実態は，世界史に限らず複数の科目で存在するとされるが，とりわけ2006年10月に，北日本新聞が富山県内の高等学校で世界史を履修させていない実態を報道したことがきっかけとなり，歴史学系の学会や教育現場を中心に「世界史未履修問題」に対する取り組みが始まった。

2）　なお，今次の指導要領の内容が明らかになる前後の時期において，両「探究」科目の標準単位数が「日本史Ｂ」・「世界史Ｂ」に比べて１単位減る見込みとなったことを受けて，教科書に掲載される用語の「精選」すなわち絞り込みが活発に議論された経緯があり，著名な人物の名前が教科書から消えるなどとして，一部でセンセーショナルな報道にもつながったが，その動きもいつの間にか下火となり，どう総括されたのかについて，寡聞にして知らない。

3）　なお，いわゆる「学習指導要領」そのものはきわめて簡素な内容なので，通常はこの「学習指導要領」の告示後，文部科学省によって，その意図するところを詳細に解説した「学習指導要領解説」が公開・公刊される（平成30年度版については，451頁という，きわめて大部なものであった)。図１－１・図１－２は，その「学習指導要領解説」を解読した筆者の解釈に基づいて作成したものである。

4）　従来，「中世」部分の章のタイトルとしては「武家社会」という用語を使うことが多かったが，近年のとくに政治史研究の進展をふまえれば，これを単純に「武家社会」と呼ぶことは難しく，朝廷や寺院にも一定の政治的権限があったとみる考え方が定着してきていると考えられる。

5）　学校教育にもある程度手頃に使える史料集としてすぐに念頭に浮かぶのが歴史学研究会編『日本史史料』（全５巻，岩波書店，1997～2006年）であるが，残念ながら品切れとなって久しい。

第２章

「日本史探究」における中項目⑵を どう実践するか ――荘園の成立を例に――

髙橋　傑

はじめに

「日本史探究」は,「日本史Ｂ」の学習内容をおおむね引き継いだ教科であり,「日本史Ａ」・「世界史Ａ」を引き継ぐに留まらない意味づけを持っている「歴史総合」に比べると，これに関する言及は相対的に少ない[1)]。もっとも,「歴史総合」の授業が2022年から多くの学校で既に実施されているのに対し,「日本史探究」の授業が，多くの学校で2023年度，ないしは2024年度から開始されることも関係していると思われるが,「日本史Ｂ」の延長上で授業を行うことができるという安心感が，このような状況をもたらしているとも思われる。

このような「日本史探究」と「日本史Ｂ」の違いについて,『高等学校学習指導要領解説　地理歴史編』（以下『解説』）は以下のように書いている。

「『日本史探究』は，我が国の歴史について，資料を活用し多面的・多角的に考察する力を身に付け，現代の日本の諸課題を見いだして，その解決に向けて生涯にわたって考察，構想することができる資質・能力を育成する科目として構成した。」（192頁）

ここでは，既に指摘されていることではあるがコンテンツベースからコンピテンシーベースへの転換の中で，様々な史資料を活用することが求められている点が重要であろう[2)]。

そして，この史資料の活用が最も前面に押し出されているのが，中項目(2)「歴史資料と～の展望」という項目である。古代～近現代の枠組みで区切られた「A　原始・古代の日本と東アジア」，「B　中世の日本と世界」，「C　近世の日本と世界」，「D　近現代の地域・日本と世界」の四つの大項目の中にそれぞれ位置づけられた中項目(2)では，各時代のそれぞれの特徴を生徒が資料から読み取り，その時代はこのような時代だったのではないか，という仮説を生徒自身が表現することになっている。逆に言えば，教員はその時代を特徴づけるような資料を準備し，生徒に提供しなければならない，ともいえよう。

これは非常に困難な事ともいえるが，様々な資料に基づいて歴史叙述がなされているということは歴史学の根底であり，この営みを生徒が体験することは，歴史学という学問が，生徒達の信頼を得る格好の機会といえよう。歴史修正主義史観に基づいたものも含め，様々な歴史叙述に容易に触れられる今，その中から相対的に信用しうる歴史叙述を選びとる目を養うことも，歴史の授業に求められているのではなかろうか。そこで本論では，中世を例に中項目(2)として扱いうる史資料はどのようなものが考えられるか，教員の意図や実際の実践におけるずれも含めて考えていきたい。なお，筆者は実教出版の『日本史探究(日探702)』において，中項目(2)の執筆を行う機会を得た。その際の経験を踏まえた執筆になることを書き添えておきたい。

1．中項目(2)を扱う際の資料について

(1)　指導要領が求めるものは何か

最初に，『解説』は授業においてどのような資料を活用し，授業を構成することを想定してるのか確認しておきたい。

「日本史探究」の学習で用いられる資料には，文献や絵図，遺物，遺構，地図，統計など歴史学習に関わる様々な性格の資料や，作業的で具体的な体験を伴う学習によって得られた幅広い資料が存在する。その中から，必要な資料を選択して有効に活用することで，社会的事象を一面的に捉えるのではなく，様々な角度から捉えることが可能となる（194頁）。

また，内容の取扱いには以下の様な記述がある。

（中略）また，デジタル化された資料や，地域の遺構や遺物，歴史的な地形，地割や町並みの特徴などを積極的に活用し，具体的に学習できるよう工夫するとともに，歴史資料や遺構の保存・保全などの努力が図られていることに気付くようにすること（416頁）。

これによれば，ありとあらゆる歴史に関わる資料の活用が想定されているといえよう。そして，教員に求められていることは，社会的事象を多面的に捉えることができるような資料を選択し，それを生徒に提示することである。やはり，それなりに高いハードルと感じるのは筆者だけではないだろう。特に内容の取扱いに列挙された資料は，生徒が一人一台デジタルデバイスを保有する環境を想定していると思われ，デジタルアーカイブへの目配りも必要になってくる。

では，こうした史資料の活用がうたわれた「日本史探究」の中で，中項目⑵はどのような位置づけなのだろうか。改めて，『解説』を確認したい。

②　中項目の構成

大項目Ａ，Ｂ，Ｃ及びＤでは，それぞれの中項目⑴から⑶までが，以下のように結び付き，一連の学習の展開をもった構造となっている。

中項目⑴では，時代の転換を取り上げ，対象となる時期の我が国を巡る対外的な環境や交流などや，中学校での学習を踏まえた国内の時代の特色の理解を基に，前の時代との比較などを通して時代の転換について考察して，時代の特色を探究するための筋道や学習の方向性を導く時代を通観する問いを表現する。

中項目⑵では，時代の特色を示す資料を活用して，⑴で表現した時代を通観する問いを成長させ，時代の特色について，(3)の学習への見通しを立てて探究的な学びに向かうための仮説を表現する。その際，資料を活用する技能を育成するとともに，歴史に関わる資料や文化財のもつ意味や意義を理解するとともに，それらの保存・保全や継承の努力について気付くようにする。

中項目(3)では，中項目(1)及び(2)で表現された時代を通観する問いや仮説を踏まえ，資料を活用して，各時代の歴史の展開について，事象の意味や意義，関係性などを考察し，歴史に関わる諸事象の解釈や歴史の画期を表現する。その際，歴史に関わる諸事象を解釈したり，説明したり，論述したりする学習を繰り返し行う中で，思考力，判断力，表現力等の育成を図る（196～197頁）。

これによると，中項目(1)では各時代の最初の一部を通史的に取り上げ，生徒は中項目(1)で学習した内容と中学校の学習内容を合わせて考え，各時代を「通観する問い」を表現することになっている。

次に，中項目(2)では，生徒は中項目(1)の範囲には限定されない，各時代の特色を示す資料の読み取りを通じて中項目(1)で表現した問いを発展させ，中項目(3)で学習する内容を見通した，その時代に関する仮説を表現する。生徒は，その過程で資料の活用術を学ぶと共に，資料や文化財の大切さ，保存保全の意義についても気づくことが求められている。

最後に中項目(3)では，これらの問いや仮説を前提に，この時代の様々な歴史事象を自分事として解釈したり，説明したりする，という構造になっている。

つまり，中項目(2)を学習する段階では，生徒はその時代の最初の一部と中学校段階で学んだ知識しかない状態で，知識の空白部分を資料の解釈によって補い，その時代の特色を仮説として表現することが求められているのである。中世に即して具体的にいえば，院政期～平氏政権のみを学習した上で，鎌倉期～戦国期に関して中学校で学習した内容を考え合わせ，院政期から戦国時代までを貫く問いを立てたり，仮説を立てたりする，ということになる。この構造については，各時代のすべてを学ばない段階で，その時代の仮説を表現することが可能なのか，という批判も存在し[3)]，筆者もそれに同意するが，この論点については，ひとまず措いておきたい。

⑵ 中世をどう捉えるか

このように，中項目⑵では，時代の特色を捉える史料を用いた学習が想定されているが，そのような史料を選ぶためには，そもそもその時代の特色は何なのか，ということを，教員が認識しなくてはならず，これはこれで難しい問題である。そこで，まずは各社の教科書から，中世の特質に言及した記述を抜き出してみたい。

実教出版（702）と清水書院（704）は，「中世」の冒頭で中世の概説を掲載している。

- 実教出版

中世とは，どのような時代なのだろうか　中世は荘園制を基礎とする時代である。院政時代に成立した荘園制は次第に変質しながらも，鎌倉・室町時代にはそれが維持された。荘園が崩壊していく戦国時代は中世から近世への移行期である。中世は分権的な社会でもある。中央政府の力はあまり強くなく，法の実効性も低い。その反面，地域の自立性が高く，自分の身は自分でまもる自力救済の世界であった。二度の全国的内乱（治承寿永の内乱・南北朝内乱）によって，幕府の力がしだいに大きくなるが，国政は基本的に公家と武家との連携で運営された（75頁）。

- 清水書院

中世とは，宋元時代の中国の経済・文化の影響をうけながら，古代に生まれた「日本」が列島に根付いていく時代であった。蒙古襲来を例外として本格的な対外戦争のない中世の国家は，「小さな政府」となり，戸籍や土地台帳をつくって人や土地を管理・保護することはなかった。自分の身（権利）は自分で守るという自力救済の風潮が広がり，紛争や自然災害が恒常化すると，武士が台頭して国家の軍事力をになうようになるとともに，祈りのにない手として寺社が社会的・文化的に大きな役割を果たした。支配者層は公家

（貴族），寺社勢力や武家（幕府）に分裂し，そのもとで地域社会も成長したが，それらを統合するのが荘園制というシステムであった（48頁）。

冒頭にこのような記述があることで，生徒が時代を通観する問いや仮説を表現するときに，ある意味答えを先に知ることになるが，教科書のこの辺りの構成は悩ましいところといえよう。

実教出版では，中項目(1)の本文記述中にも，以下のような記述がみられる。

荘園公領制といい，院政といい，私的なものと公的なものが混在しているのが，中世という時代の特徴である（79頁）。

東京書籍（701）は，中世の終わりの方で，以下のような記述がある。

中世の日本社会には，朝廷や幕府，寺社勢力などが並立し，統一的な政治権力が存在しなかった。さまざまな権力による多様な法や裁判は，たがいに矛盾する場合すらあり，中世の人々は，問題解決のための当然の権利として，しばしば実力行使に及んだ。必ずしも権利や権力にたよらない，自力救済の発想にもとづく行動である。言い換えれば，「自分の身は自分でまもる」というのが，生きるうえでの指針の一つであった（115頁）。

一方山川出版社（705）は，中世全般の特質を示すような記述が少ない。中項目(1)の本文記述中に，以下のような記述がみられるのみである。

こうして院政期には，私的な土地所有が展開して，院や大寺社・武士が独自の権力を形成するなど，広く権力が分散していくことになり，社会を実力で動かそうとする風潮が強まって，中世社会はここに始まった（80頁）。

その他の教科書にも時代の特色を表現するような記述はあまり見られなかった。これは，先に述べた通り，問いや仮説を生徒が立てることに対する配慮かもしれない。

このような記述から，教員は中世の特質を見出し，それを生徒が見出せるような史料を用意することになる。これらの記述から読み取れるキーワードは，

荘園制・分権的・法の実効性が低い・中央政権の弱さ・地方の自立性・自力救済・武士の成長・小さな政府・宗教の影響力が大きい

といったところだろうか。これらを手がかりに，史料を選んでいくことになる。

⑶ どのような史料が考えられるか

『解説』が，「日本史探究」の授業においてどのような史料の活用を想定しているかは先に見た通りであるが，とりわけ中世に関してどのような史料を想定しているのか，ある程度具体的なものが挙がっているので最初に確認したい。

歴史資料の特性を踏まえ，資料を通して読み取れる情報から，中世の特色について多面的・多角的に考察する学習については，例えば，「武家，公家，幕府や寺社の記録」（内容の取扱い）について，幕府の記録や公家，寺社の日記などを基にした資料を用いた場合，鎌倉幕府の性格や守護・地頭の設置などについての武家側と公家側の捉え方を比較したり，院政期の政治や土地支配のしくみと鎌倉時代のしくみとの共通点や相違点を見いだしたりして，中世の政治や土地支配のしくみについて考察する学習などが考えられる。

また，「絵画などの資料」（内容の取扱い）について，荘園絵図や絵巻物などの絵画資料，紀行文などの文学作品，各地域の中世の遺構や遺物などを用いた場合，中世を通じた各地域の変化を読み取るよう指導を工夫して，各資料から中世の各地域における流通や商工業の具体像を考察するなどの学習が考えられる。（中略）その他，時代の特色を示す資料として，文字資料の他に，例えば，軍記物語や紀行文などの文学作品，今日に残る習俗や芸能などを活用し，社会の多様な側面や地域の特性に応じた様々な資料を用いて学習することが考えられる（222頁）。

そして，これらの史料の分析を通じ，教員が「武士は全国を支配していたと評価できるのだろうか」「この時期に，庶民の活動が歴史の資料に多く現れるようになったのはなぜだろうか」といった問いを発することを通じて，生徒が以下のような仮説を立てることが想定されている。

「中世は，公家や武士，寺社などが政治や社会に，それぞれの権力をもち，さらに相互に影響を与えていた時代なのではないか」

「中世は，物資の生産や流通に大きな変化が生じた時代ではないか」

一つ目の仮説は先にみた教科書の記述にみる中世の特質とも一致している

が，二つ目に関してはある意味どの時代にも当てはまるような仮説にもみえる。

ちなみに，仮説の例を挙げるかどうかは教科書によって異なっている。東京書籍は中項目(2)に多くのページを割き，多くの仮説の例を挙げている。

- 武家権力は武力の担い手から，少しずつ人や土地の支配者へと変化していったのではないか。
- 武家権力の成長により，天皇の存在意義はほとんどなくなってしまったのではないか。
- 武家権力が成長したのは，武力によって紛争を解決することができたためではないか。
- 飢饉などの自然の猛威の前に，中世の人々はなすすべがなかったのではないか。
- 自然災害に対し，人々は一致団結して対応したのではないか。
- 幕府や荘園領主は自然災害に対し，人々の生活維持のためにさまざまな対策や救済措置を講じたのではないか。
- 中世の日本社会では，さかんに海外交易が行われ，その背景には，人々の熱心な仏教信仰が存在していたのではないか。
- 中世日本の周縁地帯・境界領域では，民俗や出身地に関わらず，比較的自由な交流がなされ，平和的かつ友好的な関係が築かれていたのではないか。
- 茶道や能楽などの日本の伝統文化は，中国や朝鮮の文化の模倣であり，海外の文物抜きには生まれ得なかったのではないか。

これらの仮説の中には，大きな視点のものから，比較的小さな視点のものまで含まれている。このような仮説の例からも，選ぶべき史料のヒントを得ることができよう。このように生徒が立てるべき仮説をあらかじめ示しておくかどうか，という点も，教科書会社によって判断が分かれる結果となった。

まとめると，中世の中項目(2)で扱うべき史料は，先にみたような中世の特質を生徒が見出せるような史料であり，なおかつその史料を分析する中で，その活用術を学ぶと共に，史料や文化財の大切さ，保存保全の意義についても気づくことができる，という史料ということになろう。

このような史料を見つけるためには，これまで活用されてきた様々な文字史料の史料集に加え，文化財関連の史料にも目配りが必要となろう。例えば，国立国会図書館が運営しているジャパンサーチや[4)]，奈良国立文化財研究所が運営している文化財総覧 webGIS などは[5)]，生徒の一人一台環境が整っていれば活用することが考えられる。また，各地のデジタルアーカイブを授業の史料として活用する動きも見られ[6)]，今後も学校のデジタル環境に合わせて授業で史料を活用していく流れは加速していくであろう。

2．実教出版『日本史探究』（702）の中項目 (2) の史料

前節の検討をふまえ，本節では中世を荘園の時代と捉えた上で中項目 (2) を実践するための史料を紹介したい。素材とするのは，和泉国日根荘の立荘過程を示す史料である。

日根荘は，大阪府泉佐野市に存在した九条家領荘園で[7)]，日根荘地域は，中世荘園の景観を残している地域として，「日根荘遺跡」として国史跡に，「日根荘大木の農村景観」として重要文化的景観に，「旅引付と二枚の絵図が伝えるまち―中世日根荘の風景―」として日本遺産に，それぞれ認定され，近年は荘域をかんがいする井川(ゆかわ)用水が「井川用水―現代に継承される荘園貴族九条家の中世かんがいシステム」として世界かんがい施設遺産に登録された。これらのことから，中項目 (2) が求める，生徒が「遺構の保存・保全などの努力が図られていることに気付くようにすること」を実践するフィールドとしてふさわしいといえよう。本実践で使用する史料は，以下の通りである。

(1) 日根荘荒野開発絵図（正和５年，1316年） 史料編 史料２

当該絵図は鎌倉時代に立荘された際（正和５年，1316年）に作成されたもので，原本は宮内庁書陵部が所蔵している。このトレース図を歴史館いずみさのが作成しているので，実践ではこちらを利用したい。なお，原本は web 上で

公開されているので，適宜生徒の端末から閲覧することができる[8)]。

この絵図に，どのような情報が書かれているか，絵図の主題は何か，絵図の裏側に署名している人はどんな人か，といった点にも注目しながら，読み解いていく。

まず，全体の絵図の構図を確認する。絵図の左に北，右に南，上に東，下に西と書かれており，北・東には山が描かれ，南は川，西は「熊野大道」によって区切られた空間として描かれていることがわかる。

次に,絵図の主題を探る上で一番大きな文字で書かれているものを探したい。すると，絵図の中心に「荒野」と大きく書かれていることがわかる。また，ここが絵図の中心に描かれていることからも，絵図の作成者の関心がここにあったことがわかる。さらに，荒野がどのような場所であるのかは，他の史料と突きあわせがら考えていく[9)]。

その他に描かれたものにも注目したい。荘内には地域を区分するように道路が描かれ,田んぼの「田」のように表現された水田もみえる。また,鳥居をもった「大井関大明神」「丹生大明神」といった神社や,「禅興寺」「無辺光院」「禅興寺」などの寺院も描かれている。そして，寺社ほどではない大きさで，たくさんの人家も描かれている。

さらに，北の山沿いや，荒野の中に池が点在していることもわかる。そして，荒野の池の西側には，わずかな水田が描かれている。この様子も他の資料と付き合わせながら読解したい。

このように，日根荘には，寺社や人家が点在し，稲作を行うための池が作られるなど,一定の領域をもつ生活圏だったことがわかる。このように領域をもった荘園が成立したのは中世の一つの特徴であり，これを領域型荘園という。荘園は貴族その他の収入源であると同時に，その地の人々の生活の空間だったことを読み取りたい[10)]。

さらに，この絵図には，以下の裏書がある。

裏書１

「日根野村絵図　沙汰人注進之

正和五年六月十七日　前備前守（花押）」

裏書２

「下司代以円（花押）　公文代祐心（花押）」

これらの裏書によって絵図が，いつ，誰によって荘園領主のもとにもたらされたかを知ることができる。裏書１からは，沙汰人つまり現地の人々が注進したことがわかり，裏書２からは，その沙汰人が下司代・公文代であったことがわかる。これらの情報も，この絵図が作成された目的を知る上で重要であろう。下司や公文が荘園の下級荘官であり，実際の荘園の経営に関わっていることは，教科書の知識と合わせて知ることができるからである。

(2)　官宣旨（天福２年，1234年）　史料編　史料１

日根荘が九条家領として立荘されることを朝廷として認めた文書で，九条家文書に含まれている[11]。荘園が立荘される際にどのようなプロセスを経ているかがよく分かる史料である。時系列的には絵図よりこちらの方が古いが，荘園のイメージを視覚的に掴むため，こちらを二番目に検討したい[12]。

官宣旨とは弁官が下文という形式で出す文書で，かつて太政官が出していた太政官符・太政官牒に代わって，平安時代以降に広く朝廷の命令を伝達するものとして，発行された。この官宣旨は，冒頭をみると左弁官から和泉国に出された命令書であることがわかる。

ここで読み解きたいポイントは，手続きとしての立荘のプロセスと，現地において立荘とはいかなる事態を伴うものだったのか，という二点である。前者についてはこの史料のみでこの地が荘園として成立するには，中央・地方においてどのようなやりとりがあったのかを読み取っていく。後者については，先にみた絵図や後にみる地質図と関わらせながら，考えていくことになる。

では，史料編の現代語訳を用いながら，史料を少しずつ読み解いていきたい。まず最初の部分では，この官宣旨の内容の要約が書かれる。「国司の免判」，すなわち和泉国の国司が許可を与えた書類と，「禅興寺領家前大僧正円忠の避文」つまり禅興寺の権利放棄の文書に基づいて，九条家の荘園として，日根野と鶴原の荒野を立荘するように命じている。禅興寺は先にみた絵図の中にも出てくる寺院で，この立荘においても影響力をもっている。禅興寺の円忠なる僧は，滋賀県の園城寺（三井寺）のトップで，この禅興寺を管理する立場にあった。彼は，実は五摂家の近衛基通の子で，立荘を目指していた九条道家の親戚だった。このことも，立荘の要素として押さえておきたい。

立荘の際には，「官使」を遣わして「牓示」を打ち，領域を確定して「一円不輸」とする。絵図の中に牓示は描かれていないが，表現が一定の領域を示すように作られていたのは，領域性を示すためであろう。

そして，「浪人」を集めて開発をし，様々な税が免除され，「傍庄傍郷」つまり近隣の人びとの妨害を排除し，永久に「前関白家」，つまり九条家の荘園とすることを，朝廷が和泉国に命じている。

そして，その場所は，日根郡の日根野・鶴原の荒野だった。絵図にも荒野の表現は出てきており，浪人を集めて荒野を開発することが立荘を行う上で重要な要素だったといえる。

①以降の本文の解釈に入りたい。

①の部分では，以下の文章が九条家から提出された文書の引用であることが示され，無主の荒野は，開発した人がその主となることが，古来からの習わしだとされている。荒野を開発することが，開発者に強い権利をもたらすことは，開発領主の事例から生徒も理解しやすいであろう。

②の部分では，この慣習に基づいて，この地を最初に開発しようとした人のことが書かれている。その人物は，高野山の鑁阿（ばんな）という僧で，彼はこの荒野を開発して高野山の宝塔三昧院領の荘園とすべく，元久二年（1205）にその開発許可を朝廷から与えられていた。

③の部分では，その後の経緯が書かれている。それによれば，開発しようとした荒野は，既に東北院領・禅興寺領の長滝荘の中にあったため，開発のための用水路を引くには，長滝荘の中を通さなければならないが，禅興寺がこれを拒否したという。

そこで，鑁阿は，遠江国西郷荘という別の荘園と長滝荘を相博（＝交換）してもらおうと考え，朝廷からの許可も得たが，禅興寺はこれを受け入れず，鑁阿の計画はついに頓挫した。

これらのことから，開発を行うためには，現地の禅興寺や京都の東北院（摂関家の保護下にあった天台宗の寺院）の協力が不可欠であったことがわかる。どのような経緯があるにせよ，地方の一寺院である禅興寺が国家の命令に従わない様子は，生徒の印象に残るであろう。

④の部分では，鑁阿没後の動きが描かれる。鑁阿が亡くなった後，貞応元年（1222）には，高野山の僧達が再び朝廷（上皇・後高倉院）の許可を得て開発に乗り出し，今度は東北院や禅興寺に，開発した地からの利益を60斗（＝６石）差し出す条件をつけて，開発の同意を得ようとした。相博から一定の得分の分割に方向を変えたのである。しかし，東北院や禅興寺の許可は得られず，高野山による開発は再び頓挫した。

⑤の部分では，高野山に代わって，九条家が開発・立荘に乗り出した経緯が書かれている。開発に乗り出した九条家は，今度は禅興寺は避文（権利放棄の書類）を提出して開発許可を得て，さらに和泉の国領が混ざっていたために，国司の開発許可も得て開発・立荘に乗り出した。今度は，それぞれの許可を得たのだから，開発を邪魔する人はいないはずだ，という強い自信が最後に記されている。

なぜ，今回禅興寺は許可を出したのだろうか。ここで，先に見た九条家と近衛家の関係性が想起される。禅興寺を管理する園城寺のトップは同じ摂関家の近衛家出身の円忠で，さらに長滝荘や禅興寺領を管理する立場にあったのが，九条道家の子，教実であった。九条家は，このように高野山よりも多くの人的なつながりを持っていたため，立荘が可能だった。逆にいえば，このような人的なつながりがあって初めて，立荘は可能だったのである。

⑥の部分では，立荘に向けた九条家の自信が読み取れる。それによれば，九条家代々の立荘手続きの例でいえば，国司の許可書類が九条家に提出されれば，九条家が命令書を出して家の荘園とすることが常識だとされ，ましてや，権利が強い開発の地ではいわずもがなであるが，先々のトラブルを防ぐために，朝

廷に立荘の許可を申請したとされている。鎌倉期の九条家の立場を中項目(3)の学習内容と照らし合わせると，このような主張も説得力が出てこよう。

⑦の部分では，一般的な立荘の手続きが語られている。そこでは，立荘において，和泉国や他国の流浪人を招いて田畠を開き，和泉国や禅興寺や近隣の人々の妨害を停止し，国衙の官物をはじめとした様々な税を免除し，永遠に九条家の荘園とするような朝廷の命令書を下されることを望んでいる。そこに示された立荘の姿は，浪人による開発によって田畠を開き，近隣の勢力や，その土地への様々な課税を排除するというあり方である。

以上の内容を要約すると，立荘のプロセスとしては，立荘したい者（ここでは九条家）がいろいろと根回しをした上で朝廷に申請してなされたことがわかる。高野山の開発は，朝廷からの許可があっても根回しに失敗したために，開発も立荘もうまくいかなかったのである。そして，現地においては，荘園領主が浪人を招いて荒野を開発して田畑を開くという行為を経て立荘をはかり，その過程においては，周辺諸勢力との水利権などの調整が必要だったことがわかった。

(3)　シームレス地質図

３つ目の資料として，日本シームレス地質図という地図に，絵図の中で比定可能な地点を落とした図２－１を掲げたい。

地図中で表現されている地質は，中位段丘面，低位段丘面，河川・海岸平野である。この中位段丘面と低位段丘面の実際の段差については，Google のストリートビューなどを利用すると見ることができる。現地で撮影した写真（図２－２）を掲げる。

この地図は，絵図を読み解く上で利用していくが，以下の点に着目したい。

① 絵図中の荒野エリアと地質図の関係

② 絵図中の溜池の立地と地質図の関係，予想される溜池の機能

③ 絵図に描かれた神社の名前と，荒野開発との関係

①，②に関しては，おおよそ絵図の中央に描かれた荒野が，地質図上の中位

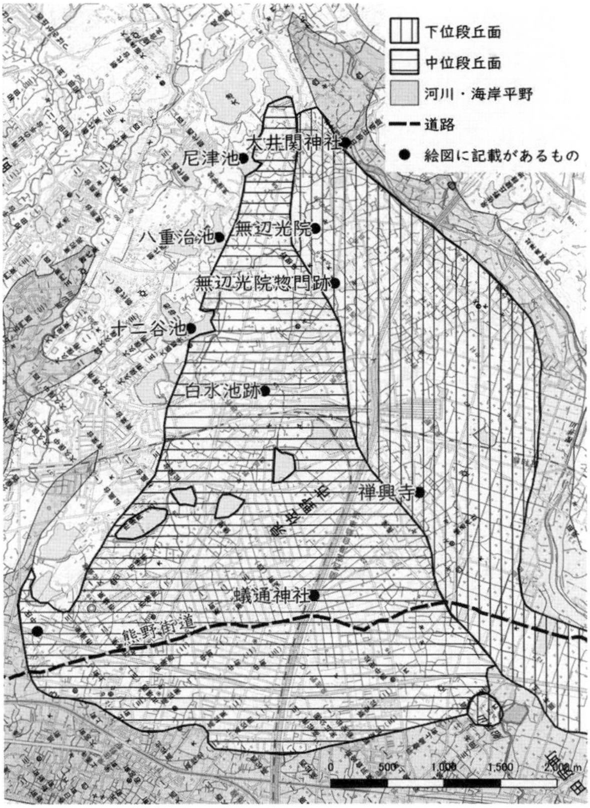

図２－１　日根荘荒野開発絵図にみえるランドマークと地質

図２－２　中位段丘面の段丘崖

段丘面に位置していることに注目し，絵図上の荒野において池が数カ所みられ，水田はその周辺にわずかに開かれていることと合わせて考えて，中位段丘面に引水する新たな用水路の開削なしには大規模な水田開発が難しかったことを理解する。このことは，官宣旨にみえる新たな用水路開削のため，周辺勢力との調整が必要だったことと結びついていく。また，現状でも多くの溜池が存在しているということは，これらの溜池が必要な環境であることに加えて，維持される努力が働いてきたことを理解し，結果文化財として様々な指定を受けていることにも関心をもちたい。

③に関しては，「大井関神社」や「溝口大明神」といった神社名に注目したい。これらの神社は樫井川のそばにあり，名称からは，用水路の取り入れ口があったことが想起される。また，ここに神を祀ることの意味，すなわち用水路の安定への祈りと，神を鎮座させることによる水利権の設定という点を読み取ることもできよう。

こうして，3点の史料を用いて，日根荘の立荘が中央・地方のどのような動きによってなされたのか，複合的に理解することが可能となる。これらの読み取りを引き出すために，次のような問いを設定したい。

- 荒野を開発するために，実際には誰が浪人をまねき，誰が開発の費用を出すのだろうか。
- 誰がどのような役割を果たすことによって，荘園は成立するのだろうか。

これらの問いにとりくむことよって，この時代が分権的で，荘園が貴族などの権門の財政を支え，そのようなあり方が私的なあり方ではなく，公的なものであったこと，これらの動きは中央のみで起こる話ではなく，地方において荒野開発を伴う，新たな権利設定を試みるような動きがあったこと，そして両方の動きがかみ合ったときに，荘園が成立するということが理解できるであろう。

では，このような荘園のあり方が中世を通じたものなのかどうか，ということを理解する上で，次の史料を用いたい。

(4) 丹後国大田文 史料編 史料3

大田文は，鎌倉期に各国ごとの基礎的な土地台帳として成立したが，現存する丹後国大田文は正応元年（1288）に作成されたものを，長禄3年（1459）に写して室町期にも利用している。このような例は，丹後の他にもいくつかの国で見られる。荘園ごとに作成される検注帳も，室町時代に鎌倉時代のものを再利用している例がよく見られる。

この大田文には，倉橋郷のように領家方・地頭方といった鎌倉期に形成された枠組みが残されたり，志楽荘のように何らかの細分化がなされていたりするが，丹後国の鎌倉期の枠組みを残した形で荘園公領が記載され，そこに室町期の税取得者が書かれている。延永左京亮は丹後守護代，小倉筑後守は丹後の国人，細川讃州・三上江州は室町幕府の奉公衆で，西大寺・三宝院はそれぞれ奈良・京都の寺社，大方殿は将軍足利義政の母，日野重子である[13)]。

ここから，課税の基準となる水田や畠の耕地面積は，鎌倉期・室町期を通じて開発の実態を反映せず，中世を通じて同一のものが利用されることがわかる。そして，中世成立期に形成された荘園公領の枠組みが，中世を通じて維持され，室町期においても国家的な財源となっていることがわかる。

本実践は，以上四つの史料の読み取りから，生徒達が中世のイメージを形成し，仮説を導き出すことをねらったものである。難しい史料を使ってはいるが，教員が適宜ガイドすることによって，生徒に少し背のびを促すような実践となるのではないかと考えている。どのような問いを立てて生徒の史料読解を進めたらよいか，次節で検討したい。

3．実践の実際と課題

(1) 大学における実践

本実践は，各史料の説明や読み取りの前提などに1コマ（50分），各自が史料から読み取り，いくつかの問いに答えて仮説を表現することに1コマの計2

コマを想定している。可能であれば，それぞれの問いの答えや，仮説を披露し合い，教員や生徒間で様々な意見交換を行いたい。そのため，問いへの答えを考えるところまではグループワークを取り入れ，仮説の表現は個人の作業という形にしてもよいと思われる。

こうした実践で生徒はどのような考察を行うことができるのだろうか。残念ながら勤務校では「日本史探究」の授業がまだ開講されていないため，先行して大学の授業で行った学生の考察例を紹介したい。なお，大学の授業においては，荘園史の講義の中でこれらの史料を扱ったため，中項目(2)を意識したものではない。そして，文字史料については教員の側からあらかじめ説明し，それらを前提とした絵図・地図からの読み取りに特化したものとなっている。

学生には，前節で紹介した日根荘関連史料を提示して，以下のような問いを投げかけた。

- 日根荘絵図はなぜ描かれたのか，何を描こうとしたのか。
- 絵図と地質図を参照すると，どんな関連が読み取れるか。
- 日根荘の立荘はそれぞれどのような人が介在して，どのように行われたのだろうか。

という問いを投げかけ，それぞれ解答を求めた。

最後の問いに関しては，絵図の裏書にこの絵図の作成に関わった人物としてみえる「沙汰人」「下司代」「公文代」と名乗る荘園現地の荘官に着目し，文字史料にみえる九条家の動きだけでは説明できない立荘の時の荘官の動きを想像した上で，改めて立荘のプロセスをイメージすることを求めた。

最初の問い「日根荘絵図はなぜ描かれたのか，何を描こうとしたのか」に対しての解答をいくつか紹介したい。

- もともと荒野であった土地を自ら開発したことを明らかにする。史料中に「いわんや開発の地においてをや」と見えることからも，自ら開発したことを明らかにすることは立荘するうえで有利に働くと思われる。

この解答は，絵図の中心に描かれた荒野に着目し，荒野開発の権利が絵図作成の目的であることを，その他の文字資料と絡めて考察している。さらに，以下のような解答もあった。

- 立荘にあたって現時点での状況を把握し，それを示すため。荒野が大きく描かれていることから，すでに開発が進んでいる場所よりも，開発が進んでいない場所を強調し，九条の荘園の立荘を認める条件である開発が，立荘後も進んでいるか調査できるようした。

絵図の表現にもう少し細かく注目し，絵図作成の意図を探ろうとするアプローチである。また，

- この絵図は1316年に描かれている。立荘をめざした当の本人である九条道家は20年前に亡くなっていることを考慮すると，道家の死から約20年たったことで周辺の領主の間で起こりえる世代交代により当時のいきさつをよく理解しない者たちが現れただろう。その結果生まれたトラブルを改善するためにこの絵図が描かれたのではないかと推察する。いかにこの荘園における九条家の正当性を示すかに重点がおかれているのでわざわざ過去の立荘に失敗した事例である高野山の件も書かれていると考えた。

というような，九条道家について独自に調べ，作成目的を推測したものもあった。このような独自の視点を持って資料読解に取り組もうという姿勢が生まれるような授業の雰囲気作りを心がけていきたい。一方で，

- 日根荘のもつ領域や，周囲の寺院との境界など，地理的な位置関係について。

というような，非常に単純な読み取りを行ったのみのものもあった。また，文字資料との時系列的な整理ができず，うまく史料を組み合わせた解釈ができない解答もあった。

２番目の問い「絵図と地質図を参照すると，どんな関連が読み取れるか」には，以下のような解答があった。

- 荒野の部分は周辺と比較して高い土地になっており，低地から高地に水を流すのは難しいので，その場所に水を流すのが難しく，田んぼを作ることが困難だった。ゆえに池を作るなどの工夫で田んぼを作るなどもしたが，水源の管理がやはりむずかしかったので荒野として存続せざるを得なかった。

- 荘園の荒地は中位段丘面であり，少し高い場所になっている。そのため，水を引くためには荒地内部の溜池から水を取らなければならない。なおかつその溜池の規模はそんなに大きくないため，十分な水があるとは言い切れないと感じた。
- 一見溜池がたくさんあるように見えるが，荒野のある部分は溜池がある所よりも高い所にあるため用水を引くことができない。よって必然的に禅興寺（領）の中を通って用水を引く必要があったということ。

絵図の記述と地質図の地形的な関連を読み取り，中位段丘面に水路を引くことが相対的に困難であることを指摘し，さらに描かれた溜池の位置に着目したり，文字史料と関わらせて荒野がこれまで開発されてこなかった理由と結びつけたりする記述をしている。これらはそれぞれ別の学生の解答だが，時間をかけて丁寧に読み取ることを促せば，このような読み取りは可能であろう。

- 絵図で荒野とされていた地域は，中位段丘面にすっぽりと収まっていることがわかる。また，地質図に見えるため池が，ほぼ正確に絵図に記載されていることがわかる。史料上では開発を行う上で用水が問題にされており，ため池は水源として重要な役割を果たすとおもわれる。そのため，ため池が立荘時から荘内に存在したことの証拠とするため，絵図に正確に記されたのだろう。また，大井関神社付近を地質図で見ると，横に樫井川が流れていることがわかるが，「井」は水を汲みとる場の意味があることから，この神社の付近に樫井川から水をくみ取るための関がおかれていたと予想される。

このように絵図に描かれた地形や水利関係を読み取るとともに，神社の名称に注目してさらに解釈を深めた解答もあった。絵図の読み取りを楽しんでいる様子が伝わってくる。一方，

- 荒地と書いてある部分の地質がほかの部分との地質と異なるので何か関連があるはず…。

というような，特に地質図の読み取りに苦労した解答もあった。普段目にすることが少ない資料は，丁寧な説明が必要であろう。また，現在との関わりに

踏み込んで興味深い視点を提示しているが，水田耕作に適した地形がどのようなものか，認識が不足している解答もあった。身近なところで稲作が行われていない場合，稲作に関する説明も必要かもしれない。

最後の問い，「日根荘の立荘はそれぞれどのような人が介在して，どのように行われたのだろうか」については，以下のような解答があった。

- 立荘を希望した九条家が，自身の庇護下にある禅興寺に根回しし，根回ししたうえで朝廷に許可をもらい高野山が失敗した立荘に成功する。また「沙汰人」「下司代」「公文代」はいわゆる荘官と呼ばれるもので，在地の有力者がつく場合と中央から派遣される場合があるがどちらにせよ，九条家は朝廷に代表される中央と，禅興寺に代表される地方の両方にコネクションを持ち，立荘を成功に導いたことが予想される。
- 九条家が禅興寺に許可を求めるなどといった働きかけをした後で，現地の有力者との利害関係を調整して立荘を進めたのではないだろうか。すなわち，荘園というのは中央の有力者，現地の有力者のどちらが欠けても存在し得ないものだったのではないだろうか。
- 立荘の手続きは，方々への根回しが必要となってくるため，朝廷や禅興寺とのパイプを持つ九条家（貴族）によって行われ，管理や維持は現地のことを知り尽くしている在住者（沙汰人・下司代・公文代）によって行われていた。このことから，日根荘はそれぞれの立場の人達の特性を活かした分業制によって成り立っていたといえる。
- 日根荘の立荘は九条家が中心となって行われたが，宣旨による承認を求めているため，天皇も立荘に介在したといえる。さらに，「国司の免判を捧げ」と見えることから国司も荘園を承認していたとわかり，立荘に介在していたといえる。このように立荘には，国家的な承認が非常に重要な役割を果たしたことがわかる。
- 権力を握りたい九条家と，領域をマークする国司やそれを許可する朝廷，荘園を開墾する労働力となる浪人が，関わった。開墾地を増やしたい国，権力を強めたい九条家，その地で九条家という後ろ盾を持ちたい国司，そして農業をやり直したい浪人のそれぞれの目的が合わさって荘園ができたと考える。

以上のように，立荘にはさまざまな人びとが関わってなされるものであり，国家のような存在が強力に推し進めてなしえるものではないことを考察している。そして，ここから荘園が国家・貴族・寺院・在地の有力者などさまざまな人びとの関係性の中で生まれ，国家財政の寄生虫のような存在ではなく，逆に国家財政を支えるような存在であること，中世が分権的な社会であったことを読み取ることができているといえる。

また，それぞれの解答には少しずつ足りない要素があったり，誤読があったりするが，在地領主の寄進行為から荘園が成立するという寄進地系荘園の考え方を相対化することには成功しているといえよう。一方で，

- まず九条家が親戚などの人的なつながりを利用して寺院から許可を得たのち国司から許可を得る。荘園の全体図である日根荘絵図を描いて，実際に現地で管理している「沙汰人」「下司代」「公文代」などに提出し許可を得る。寺院と国司の二つの許可のもと朝廷に立荘の最終的な許可を求めて認められることで日根荘は立荘された（人的関係がちょっと…）。
- 立荘は摂関家などの身分が高い人が主導したものの，実際の絵図の作成に関しては身分が低い人も関わっていると考えられる。具体的なかかわり方としては作図のための測量や住民の説得，立荘の管理などを考えました。全然分からなかったです。すみません…。

というような，興味深い視点をもちながらも，関連する人物の関係性や職業的な役割について把握できなかった解答もあった。それぞれ，丁寧な事前の説明が必要であろう。

(2) 実践に対する感想

次に，この実践に対する学生の感想から，課題を抽出してみたい。

- この講義を通じて荘園嫌いが少し緩和されたような気がしました。問いに答えることは難しかったですが，資料などを通じて自分なりに考えてみる

ことで，暗記特化な荘園理解よりも面白く感じました。

- 荘園制は受験生の時から苦手だったのですが，やはり難しいと再認識しました。ですが立荘には根回しを中心としたコネクションが大事ということは「今の時代の政治家とあんまり変わんないなあ」と，根回しの普遍性を感じました。絵図と地質図を見比べてわかってくることも多くあると感じることができましたので，荘園制を学ぶ時には図を大切にしていこうと思いました。難しかったですが楽しかったです！
- 荘園はやっぱりムズイ。なにがわからんのかわからんくらいだった。
- 地質図の色の読み取りが難しかった。

荘園という素材が，授業の中で扱いにくいものであることがよくわかる。まったく手をつけられないような学生もわずかながら存在したが，史料の読み取りを通じて自分なりの分析を試みようという気持ちになったことは実践者として喜ばしい。ただし，文字史料に関する記述のみで，地質図や絵図の読み取りはこれまで指摘してきたように丁寧な事前のガイドが必要なことがわかる。

また，問いの設定の仕方に問題があったのだが，文化財の保全に関する感想を得ることもできなかった。中項目(2)の目的を達成するためには，より適切な問いが必要だったといえる。その他の感想もみてみよう。

- 絵図と地質図を見比べてみると，荘園と溜池の存在の関係を理解することができ，複数の資料検討を行うと一つの資料だけでは見えないものが見えてきて面白かったです。これまでは中世の荘園は朝廷から許可を取るだけで実質的に支配できるものだと思っていたが，実際には現地の人々，土地などが大きく影響していたということが理解できた。今回は荘園についてだったが，今まで学んできたものよりも複雑で，考えるのは難しかった。だが，同時に歴史を考えることの楽しさも感じられた気がして，もっとさまざまな面で考えていきたいと感じた。
- 今回の講義では前回軽く述べられていた荘園に関して様々なことを学ぶことができた。特に，立荘ということに関してはあまり詳しくなかったため全体的な流れやどのような背景をもとにこのような行為がなされているのかを知ることができてよかったと思う。

私が特に気になった点とは，朝廷の許可がおりたことと実際に開発・立荘できるということはイコールではないということである。講義でも述べられていたが，根回しに失敗してしまうと立荘が困難になってしまう。そしてそれを解決するには人的なつながりが重要になってくるという点に関して，中世の日本というのはいかに人とのつながりが重要視されていたかを感じた。現在の日本ではあまり昔からの仲だからというようなことよりも，どうすればいかに自分や自分の企業が成長することができるかということが重要視されているように感じる。そのために現代を生きる私たちは必要以上に人とのかかわりを求めてしまうのではないだろうか。

このように史料を基に歴史的な考察をすることに意義を見出し，そこで得られた知見を現代の生活との比較を通じて自分自身のものにしようとすることこそ，日本史探究が目指すものであり，授業担当者としては心強い限りである。

おわりに

以上，日本史探究の中世中項目(2)に適した資料について考察し，関連した実践例及び，それへの感想を紹介した。

中項目(2)の史料に求められる点について，くり返すことはしないが，各時代を通じた仮説を立てることを求める以上，読み取る作業を通じて時代全体をイメージできるような史料を提示することが教員には求められる。そのため，一つの史料でこの条件を満たすことは難しく，いくつかの史料の読み解きを組み合わせることが必要となろう。今回の実践例では，このような点の難しさに直面した。どこまで生徒が共通の見解が得られるようにし，どこから先は生徒個々人の自由な発想が尊重されるのか，そのためには教員がどの程度の情報を提供し，どこから先は生徒が読み取るべきなのか，そこを見極めるのが非常に難しいと感じた。

例えば，今回の例でいえば時系列的な理解が若干複雑なため，あらかじめこちらで年表を作成しておいた方がよいのか，その作成，及び作る作らないも生徒に委ねた方がよいのか，段丘の比高差については，等高線の読み取りなど教員のほうから伝えた方がよいのか，あるいはGoogleストリートビューなどを生徒に活用してもらい，地質図・地形図の読み取りから生徒に委ねた方がよいのか，という点などである。実際の授業時間との兼ね合いが大きいと思うが，どのようなことを生徒に考え，資質として身に付けてほしいのか，問いの設定と合わせて様々な課題がみえてきたといえる。

学校現場にもAIの活用の波が押し寄せている。これを積極的に活用しようとする教員がいる一方で，2023年の夏休みの宿題に，AIを活用した生徒が34％おり，学校や親がAIの制限をしていない場合が67％という調査結果も出ている[14)]。このような教育環境下で，AIに聞いても分からないような細かい読み取りが必要な史料ではなく，自分で考えてみようと生徒に思わせる史料はどのようなものなのか，積極的に史料を活用しながら生徒の反応を確かめ，模索していくことが必要となろう。

史料編

史料１　立荘に関わる天福２年（1234）年の官宣旨

【本文】

左弁官下和泉国

応任国司免判并禅興寺領家前大僧正□□（円忠）避文，遣官使堺四

至打膀示為一円不輸地，招居浪人致開発，停止国衙官

物・勅院事以下国役，及傍庄傍郷甲乙人等妨，限永代為

前関白家領，当国管日根郡日根野・鶴原荒野事，

四至

東限葛木峰〈除諸庄領并神社仏寺諸権門輩給免田及国領見作田等，但於大井関社上鳥居上者，不可除古作田也，〉

南限於雄郷堺〈除上郷并禅興寺長滝庄及神社仏寺諸権門給免田等，〉

西限海〈除井原里一西辺春日奉免本作田諸給免田并元興寺庄領等，然則於荒野并開発新田等者，永可為当庄領，不可有異儀，〉

北限甲斐田河〈除熊取庄元興寺并故若狭守実信領之外，於自余者，不可除古作也，〉

右，得彼家今月廿四日解状語，無主荒野以荒墾之人為主者，古来之恒典也，因之，近古高野山有号鑁阿上人之僧，開件等荒野，可為同院宝塔三昧院領之由，去元久弐年申下宣旨，而件地雖為荒野，即是東北院領并禅興寺領堺内也，随又自同寺領長滝庄，可通用水之故，彼両所欝訴不遵行之，以宝塔三昧院領遠江国西郷庄，可相博之由雖申請宣旨，敢不承諾之間，止其沙汰畢，其後星灰屡移，事去時変，鑁阿入滅之後，去貞応元年寺僧等重経院奏，申下庁御下文，其趣同于元久宣旨，但為禦本所之憤，以荒野開発地利陸拾斛，可済本所之由，雖申下庁御下文，同以不遵行，仍乍帯両度之綸旨，空止一庄之建立，而今依当家触達，禅興寺出避文畢，長滝庄又以雌伏，依国領相交，国司捧免判，云彼云是，於今者無所于障碍，四至之中所所領相交之故，任元久宣旨，除其地，此上誰人可成狼戻哉，凡当家代代之例，国司献免判之後，成下家下文為家領者定例也，況於開発之地哉，雖然永為断後代之牢篭，所申上裁之鳳詔也，望請天裁，且任先度宣旨状，且依当時申請旨招居当他国之流浪人，開田畠成邑里，停止国宰及禅興寺方来之妨傍庄傍郷甲乙人之濫妨，免除国衙官物・勅院事大小国役・役夫工・造内裏・造御願寺・熊野御幸・乳牛等役，限永代可為当家領之由，欲被下宣旨者，権中納言家光宣，奉　勅依請者，国宜承知，依宣行之，

天福二年六月廿五日　　　　大史小槻宿祢（花押）

右少弁藤原朝臣（花押）

(付箋)「四条院天福自二年至当寛正四年二百廿九年」

【読み下し文】

左弁官下す和泉国

まさに国司の免判ならびに禅興寺領家前大僧正円忠の避文（さりぶみ）に任せ，官使を堺四至に遣わし，牓示を打ち，一円不輸地と為し，浪人を招き居らしめ，開発を

致し，国衙官物・勅院事以下国役および傍庄傍郷甲乙人等の妨げを停止し，永代を限り，前関白家領と為すべき，当国管日根郡日根野・鶴原荒野の事，
四至（中略）
①右，彼の家今月二四日の解状（げじょう）を得るにいわく，無主の荒野荒墾の人をもって主と為すは，古来の恒典なり。
②これにより，近古は高野山に鑁阿（ばんあ）上人と号するの僧あり。くだん等の荒野を開き，同院宝塔三昧院領となすべきの由，さんぬる元久二年に宣旨を申し下す。
③しかるに，くだんの地荒野となると雖も，すなわち是れ東北院領并禅興寺領堺内なり。随って又同寺領長滝庄より，用水を通ずべきのゆえ，彼の両所欝訴（うっそ）しこれを遵行（じゅんぎょう）せず。宝塔三昧院領遠江国西郷庄を以て，相博すべきのよし宣旨を申し請うと雖も，敢えて承諾せざるの間，その沙汰を止めおわんぬ。
④その後星灰しばしば移り，事去り時変ず。鑁阿入滅の後，さんぬる貞応元年寺僧等重ねて院奏を経て，庁の御下文を申し下し，其の趣は元久の宣旨に同じ。但し本所の憤りを禦がんがため，荒野開発の地利六〇斗を以て，本所に済すべきの由，庁の御下文を申し下すと雖も，同じく以て遵行せず。よって両度の綸旨を帯しながら，空しく一庄の建立を止む。
⑤しかるに今当家触れ達すにより，禅興寺避文を出しおわんぬ。長滝庄また雌伏を以て，国領相交わるにより，国司免判を捧げ，彼といい，是といい，今においては所に障碍なし。四至の中の所に所領相交わるの故，元久の宣旨に任せて，其の地を除く。この上誰人ぞ狼戻（ろうれい）を成すべけんや。
⑥およそ当家代々の例，国司免判を献ずるの後，家の下文を成し下し家領となすは定例なり。いわんや開発の地においてをや。然りと雖も，永く後代の牢籠（ろうろう）を断たんがため，上裁の鳳詔（ほうしょう）を申すところなり。
⑦望み請うらくは天裁を。かつうは先度の宣旨の状に任せて，かつうは当時申し請う旨に依り，当他国の流浪人を招き居え，田畠を開き邑里（ゆうり）と成し，国宰及び禅興寺方し来る妨げ・傍庄傍郷甲乙任の濫妨を停止し，国衙官物・勅院の事大小国役・役夫工・造内裏・造御願寺・熊野御幸・乳牛等役を免除し，永代を限り当家領と為すべきの由，宣旨を下されんと欲す。

⑧てえれば，権中納言家光宣す，勅をうけたまわるに請うに依れ，てへり，国宜しく承知し，宣に依りてこれを行え，

天福二年六月二十五日　　　　大史小槻宿禰（花押）

右小弁藤原朝臣

【語釈】

＊円忠（1180～1234）　近衛基通（1160～1233）の子で，滋賀県の園城寺の長吏。園城寺は禅興寺を管理する立場にあった。九条道家（1193～1252）の父良経（1169～1206）と基通はいとこ同士なので，円忠と道家は再従兄弟ということになる。

＊避文　土地などの財産を他人に引き渡し，自分の権利を放棄することを明記した証書。

＊牓示　荘園の境界などに目印として建てられたもの。杭・石・札などが用いられた。

＊甲乙人　本来，所領に権利を持たない第三者のこと。

＊解状　訴訟を起こすために，裁判機関に提出された文書。

＊鑁阿（？～1207）　真言宗の僧で，高野山の勧進聖として活躍。高野山の主要な荘園である備後国太田荘を立荘することに成功し，荘園経営も行なった。

＊遵行　決定に従って行うこと。

＊相博　所領などの財産を交換すること。

＊狼戻　狼のように欲深く，道理に反する行為。

＊牢籠　権利を侵されること。

＊鳳詔　詔勅のこと。

【現代語訳】

左弁官が和泉国に以下の通り伝える。

すぐに国司の免判と領家である禅興寺の前大僧正円忠の権利放棄の証文の通

り，官使を荘園の四方向の境に派遣し堺に牓示を打ち，その内側は一円不輸の地とし，浪人を集めて定住させ，開発をし，国衙への官物や勅院事などの国役をかけず，近隣の人々の様々な妨害も排除し，前関白家（九条家）領となすべき，和泉国の日根郡日根野・鶴原の荒野のことについて。

四至（中略）

①右の事について，九条家が今月二四日に提出した書状には以下の通り記載されている。無主の荒野を開墾した人に特別な権利を与えるのは，昔からの例である。

②このような例によって，近年は高野山の鑁阿上人という僧が，日根野・鶴原の荒野を開墾し，高野山宝塔三昧院領とするべきであるという，元久二（1205）年の朝廷の命令書が出されている。

③しかしながら，この地は荒野ではあるけれども，東北院領と禅興寺領の堺の内である。さらに，同じく東北院領である長滝荘から用水路を引く必要があったため，東北院と禅興寺が鑁阿上人に出された開発許可に異議を申し立て，開発許可を受け入れなかった。そこで，鑁阿は高野山宝塔三昧院領であった遠江国西郷荘とこの地を交換する朝廷の命令書の発行を願い出たが，その許可が下りなかったため，開発は中止となった。

④その後，月日はしばらく流れ，開発許可の件は忘れられ時も移ろった。鑁阿の死後，貞応元（1222）年に高野山の寺僧が再び院（後高倉院）に申し出て，院は元久の際と同じような許可を出した。ただし，東北院や禅興寺に配慮して，荒野を開発して生じた利益から60斗を東北院・禅興寺に納めるという事が許可書には付け加えられていたが，東南院と禅興寺はこれを認めなかった。こうして２度も朝廷からの命令書が出たにも関わらず，空しく荘園の立荘はできなかったのである。

⑤しかし，今回九条家が禅興寺に伝えたところ，禅興寺はこの地に関する権利放棄の証文を出した。長滝荘も東北院領の中に和泉の国領が設定され，和泉国が許可を出している以上，今となっては開発を妨げる者はいない。開発予定の荒野には他の領地も混ざっているので，これは除いて元久の命令書に基

づいて開発を行う。この上，誰が道理に基づかない妨害をすることができるだろうか。

⑥そもそも，九条家代々の例として，国司の許可を得た上で，九条家の命令書で九条家領荘園を立荘するのは普通のことだった。ましてや，九条家が開発した地では，九条家領となるのは当たり前であろう。しかし，今後ともこの権利を確実にするために，天皇の許可をいただきたいと考えた。

⑦天皇の以下のような許可を請う。まずは以前の開発許可の命令書の通りに，あるいは今申請した通りに，和泉国や他国の浪人を定住させ，田畑を開発して村をつくり，和泉国や禅興寺，近隣の荘園の人びとの妨害を禁止し，和泉国への税・朝廷への様々な税を免除し，永久に九条家領とすべきという許可を，命令書としていただきたい。

⑧以上が九条家が提出した書状の内容である。ということで，権中納言家光が，天皇の九条家の申請の通りにせよ，という意思を伝える。天皇の命令を受けたからには，和泉国もその通りにしなさい。

【解説】

荘園の成立に関して，どのようなプロセスを経ているのかが分かる史料である。長文のため，難解な印象を受けるが，少しずつよみといていきたい。

主なポイントは2つで，ひとつはどのような立場の人びとが，どのような荒野開発の許可申請を行っているのか，それに現地に係わる利権をもつ人びとがどのように関わったのか，など，人びとの関係性を読み取ることである。そして，それらの関係性を問うことで，中世の特質に迫ることができよう。例えば「朝廷からの宣旨の内容は，なぜそのまま実行されずに反故にされたのか」や，「高野山の申請には抵抗が多かったが，なぜ九条家の申請はうまくいったのか」といった問いを通じて，生徒に考えさせることもできるだろう。

もうひとつのポイントは，荒野を開発するということが，開発主に非常に強い権利をもたらす点を読み取ることである。開発領主の存在は教科書本文にも見られるので，生徒も理屈としては理解しているが，開発という行為が浪人を集めるというところからスタートし，九条家のような権門であっても非常に大きな意味を持つ，という点を，⑥，⑦から具体的に読み取ることができよう。ここから，他の資料との接点も生まれてくるので，しっかりと確認しておきたい。

一方で，この史料からは，現地の有力者の姿はみえてこない。それを補うのが，他に挙げる絵図類ということになる。

史料2　和泉国日根野村荒野開発絵図

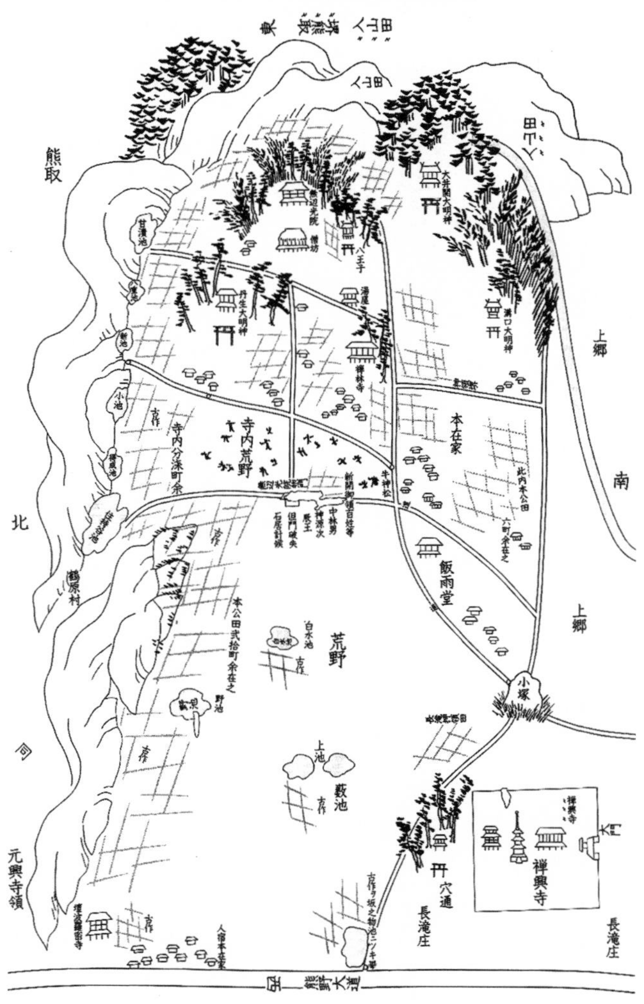

【解説】

原本は宮内庁書陵部にあり，縦86.0×横58.7㎝。史料１の82年後に作成され，荒野の実態をよく示している。上は東南の方向で描かれ，海岸線を下に，山を上に描いている。北（左）と東（右）は山で，南（右）は樫井川と道，西（下）は熊野街道で区切られ，上半分には寺社（無辺光院・大井堰大明神など）や集落，下半分は荒野を中心に描かれている。本絵図の作成目的には諸説あるが，ここでは九条家が荒野開発に際して現状把握のために作成させたという廣田浩治・永松圭子説に従う。裏書の下司代・公文代の位置づけについて，厳密にいうと九条家から開発を請け負ったのは久米田寺であるが，一般的には現地の開発領主が費用負担・動員の主体であったことが多いため，議論を一般化する上で開発領主の系譜に連なることが多い下司・公文（絵図ではそれぞれ「代」）と説明しておく。

史料３　丹後国大田文

【本文】

一，□□（倉橋）郷	百六拾七町七段内	
□□□（百八町）一段七十五歩		領家　延永左京亮
廿七町九段八十三歩		与保呂　小倉筑後守
卅一町六段百二歩		地頭　小野寺
一，田辺郷	百九十九町五段二歩	細川讃州
一，大内庄	九十七町二段三百歩	三上江州
（中略）		
一，志楽庄	二百町九段百八十歩内	
九十四町三段三百四十六歩		西大寺
四十二町五十歩		朝来村　三宝院
五町百五十歩		河部村公文分　大方殿様
七町一段三百歩		春日村公文分　伊賀次良左衛門
五町四段二百九十歩		朝来村公文分　同人

廿二町二段二百卌八歩　　河部村　安国寺
廿二町二段二百卌八歩　　同半済　延永左京亮
三町　　国貞名　安国寺
（中略）
惣都合田数四千六百六十七町四段九十三歩也
長禄三年五月三日　　国富兵庫助　帳写
享禄四年＜辛卯＞卯月十二日　　家久在判
弘治三年六月九日　　〈成相寺惣持院〉賢暁

【解説】

大田文は，33頁にあるように，各国ごとの基礎的な土地台帳として成立したが，これを写して室町期にも利用している例は，丹後の他にもいくつかの国で見られる。この他，荘園ごとに作成される検注帳も，室町時代に鎌倉時代のものを再利用している例がよく見られる。このように，課税の基準となる耕地面積は，実態を反映せずに中世を通じて同一のものが利用されることが多かった。

【注】

1）　例えば，『思想』1188号（岩波書店，2023年４月）は，高校歴史教育という特集が組まれ，様々な対談や論稿が並んでいるが，ほとんどが歴史総合に関する論稿で，日本史探究・世界史探究に関する言及は少ない。
2）　コンピテンシーベースの授業を展開するためには，より一層コンテンツを研ぎ澄まさなければならないという，小川幸司氏の指摘は非常に重要である。小川幸司『世界史とは何か―「歴史実践」のために　シリーズ歴史総合を学ぶ③』（岩波新書，2023年）
3）　水村暁人「高校新科目『日本史探究』に関する一考察―新指導要領解説を読む」（『麻布中学校・高等学校紀要』８，2020年）
4）　https://jpsearch.go.jp/（2023年９月８日閲覧）
5）　https://heritagemap.nabunken.go.jp/（2023年９月８日閲覧）
6）　S×UKILAM（スキラム）連携：多様な資料の教材化ワークショップ　https://wtmla-adeac-r.com/（2023年９月８日閲覧）

7）日根荘は，数ある荘園の中でも非常に研究の蓄積が豊富な荘園である。ここでその先行研究のすべてを挙げることはしないが，荘園関連の文献を探す際には，国立歴史民俗博物館のデータベース（https://www.rekihaku.ac.jp/doc/t-db-index.html）の中に納められている「荘園関連文献目録データベース」が有用である。これによれば，日根荘に関する文献は119件存在している。
8）宮内庁書陵部所蔵目録・画像公開システム　https://shoryobu.kunaicho.go.jp/Toshoryo/Detail/1000677770056?searchIndex=11（2023年９月８日閲覧）
9）本絵図の作成目的には諸説あるが，ここでは九条家が荒野開発に際して現状把握のために作成させたという廣田浩治・永松圭子説に従う。
10）荘園の領域がその地に暮らす人々にとってどのような意味があったのか，本実践では触れることができない。田村憲美「一〇～一二世紀の気候変動と中世荘園制の形成」（中塚武監修『気候変動から読みなおす日本史４　気候変動と中世社会』臨川書店，2020年）や，赤松秀亮「景観からイメージする中世の荘園―中等教育における授業実践への手がかり」（『歴史地理教育』950，2023年）において明らかにされている点を，教員から補足することも必要であろう。
11）宮内庁書陵部所蔵史料目録・画像公開システム　https://shoryobu.kunaicho.go.jp/Toshoryo/detail/1000677770047?archive=toshon（2023年９月８日閲覧）
12）ただし，後に述べるとおり，このことが学生・生徒の時系列的な認識を阻害している面も否めない。要検討である。
13）歴史学研究会編『日本史史料２　中世』（岩波書店，1998年）
14）「生成 AI:夏休み宿題に AI 34％　学校･親の制限なし67％　活用状況，民間調査」（『毎日新聞』2023年９月６朝刊７面）。

参考文献

伊藤俊一『荘園―墾田永年私財法から応仁の乱まで』（中公新書，2021年）
鈴木陽一『日根荘遺跡―和泉に残る中世荘園の景観』（同成社，2007年）
廣田浩治「日根荘の荘園絵図の作成をめぐって」（夏期特別展『荘園の景観と絵図』和歌山市立博物館，2014年）
永松圭子「二枚の日根荘絵図と実専による荒野開発」（『史敏』通巻13号，2015年）

追記：本稿脱稿後，勤務校でこの実践を行う機会を得た。そこでは，「中世とはどのような時代だったのか」という問いを加えたので，以下に代表的な仮説を紹介したい。

地域に根差した存在が力をつけていき，台頭してくる．中世においてもし争いがあった時，先の高野山の鑁阿上人のように朝廷に頼っても意味がなく，自身の力でなんとかしなければならない。そして，権力者は自分自身で収入を得たり，役職に就くために荘園を利用した。荘園を持っている者が権力をもった。鎌倉幕府は荘園の徴税などの仕事に対する任命権を行使し，荘園の支配を成し遂げようとした。つまり中世とは荘園の保有数などに代表される「実力」がものをいう時代だったのである。

この時代，税を国家が直接取らずに地方で徴収させてそれを国家に献上させるというシステムがあったことから，国家の権力が弱まり，さらには地方の間でも実力至上の世界になっていたことがわかる。このことは資料からからも読み取れる。資料において，朝廷が 2 回も命令書を発しているにもかかわらず，寺は従おうとしない。それほどまでに国家権力は低いものになっていたのである。つまり貴族や寺社達は今まで自分たちの立場を保証してくれていた朝廷の権力が著しく弱まったことで自分の身を自分で守ることが大事になってきたということであり，ここから貴族を守るため武士が台頭し，また寺社も自らを守るため武装して僧兵が誕生することになり，ここから権力にかかわらず力のあるものがないものを支配する下克上の世の中が始まっていくことになるのだと考えた。

第3章

授業実践例①　武士はどのようにして発生したのだろうか
――史料を活用した「探究」型授業の試み――

高木　徳郎

は じ め に

新しい高等学校学指導要領の告示によって，地理歴史科に新しい科目「日本史探究」が設置された1)。従来，原始・古代から近現代までのひととおりの通史を学ぶ科目であった「日本史B」を受け継ぐ科目ではあるが，以前から「知識偏重」「暗記詰め込み式」などと批判されてきた点をふまえ，ひとつの事象をより深く掘り下げ探究することが重視され，その過程では多様な資料（史料）を活用することが求められている2)。確かに研究の世界では，ひとつの事象を明らかにするのに多くの史料が使われることが一般的だが，学校の教科書や副教材では，紙幅や授業時間の制約があり，ひとつの事象に対して，せいぜい代表的な1点の史料をもって理解させようとしていることが多く，史料がまったくないまま叙述されている事柄も珍しくない。これでは，歴史上の出来事を「探究」しようにも大きな限界があると言わざるを得ない。

一方，学問の世界では，歴史上のある事象について様々な研究が積み重ねられる中で，対立する学説や見解が提起されてなかなか決着をみず，定説や通説が定まっていない事柄も多い。そのような場合，教科書の記述は曖昧で複雑となることも多く，学習する生徒たちの中にはどちらの説が正しいのかと混乱してしまったり，逆に深入りせず素通りするだけで終わってしまう場合もあって，なかなか学問の豊かさや奥深さ，さらにはその先にある面白さに触れないまま卒業を迎えてしまうということも多いようである。また，教科書の記述においても，対立する学説があることを明示的に記すことはむしろ稀で，折衷的な書き方をしたり，複数の説を融合したような記述になっていることもあって，かえって学習者を混乱させていることもあるやに見受けられる。

そこで本章では，大きく分けて二通りのとらえ方がある「武士の登場」を高等学校の授業で敢えて取り上げてみることとし，その実践案を提起することにしたい。おおよそ10世紀前後の時期に，日本社会に登場した「武士」という社会集団は，初めは貴族や王権の従者として活動し，やがて幕府という形の政治権力を確立し，中世から近世にかけて日本社会における支配者層を構成したが，その初発の段階において，どのように，またどういう要因で社会に登場してきたかをめぐっては，対立するふたつの見方があることはよく知られている。すなわち，上述したように初めは王家・貴族の身辺警護や国家の軍事・警察機構を担う存在として，都の周辺で発生し成長していったとみる説と，律令制による地方支配が行き詰まりをみせる中，群盗や対立勢力から自らの土地や財産を守るため，地方の草深い農村から発生し成長していったとみる説である。確かに10世紀中頃において，関東では平将門の乱が，瀬戸内海から北九州にかけての西国では藤原純友の乱がほぼ同時期に発生して貴族社会を大いに震撼させたことから，彼らを武士の起こりとみる見方は古くからあり，1990年代頃までの教科書もそのように記述されていた。しかし，既に律令に定める軍事・警察機構として朝廷に衛門府・兵衛府があり，平安時代の初めにも令外官としての検非違使が設置されているところから，高度な工芸技術により製作される武器・武具の供給という観点からも，武士は都から発生したと考えるのが合理的とする見方が1980年代以降，学界では急速に定着していった。教科書の記述においても，こうした新しい研究動向を積極的に導入し，順次，その記述を変化させてきている。

しかし，筆者が2021年６月～７月にかけて高校生1745人を対象に行ったアンケート調査によると，武士が，いつ頃，どのような理由で社会に登場したのか，また，武士とはどのような存在で，社会の中でどのような役割を果たしたのか，という点の理解が，教科書の記述の刷新にも関わらず，いまだ古典的な理解のままほとんど更新されておらず，その知識が高校３年間の学習でも更新されないまま卒業していく実態が明らかになった[3)]。上述の通り，教科書の記述には新しい研究動向がある程度反映されているにも関わらず，こうした実態があるのは，そうした内容が現場で教えられていないか，教師の知識が更新されていない可能性もあろう。そこで本章では，生徒が上述したような新しい研究動向を無理なく，また主体的に学び取れるような授業実践案を提起し，あわせてその授業で使う史料についての現代語訳・語釈や解説を試みたい。今次の学習指導要領では，「多様な資料を複数，それらを組み合わせて，各時代の特色を考察できるよう」な技能を身につけることが求められているが[4)]，そこで活用するべき資料（史料）の探索と精選は現場の教員に委ねられている。本章で提示する史料を，本章の授業実践案以外の授業でも活用して頂ければ幸いである。

１.「武士の登場と成長」の授業像

武士と呼ばれる社会集団が日本社会に登場してくる9世紀後半～10世紀の歴史は，高等学校の教科書ではふつう，「原始・古代」の叙述の中で述べられる。第１章で述べた通り，本書では大項目Ａ（原始・古代）は，Ⅰ（原始社会の展開），Ⅱ（古代国家の成立），Ⅲ（古代社会の展開と変容）という３つのタームに分けて授業を展開することを提案しており，武士が社会にいかにして登場してくるかというテーマに関しては，Ⅲで取り扱うのが妥当であろう。なお，大項目Ａ～Ｄにそれぞれ何時間程度の授業時間をかけられるかは，それぞれの学校が「日本史探究」にどれくらいの単位数を割り振るか（学習指導要領が定める標準単位数は3単位）によっても変わってくると思われるが，その中で，この武士の登場について触れられるのは，せいぜい１コマ（50分），多くても２コマ以内であろう。多くの教科書では，10世紀半ばに起こった承平・天慶の乱（平将門の乱・藤原純友の乱）までの歴史過程（武士の登場）と，11世紀後半の前九年合戦・後三年合戦を通じて，源氏・平氏が大武士団を形成するまでの歴史過程（武士の成長）には別見出しを立てているが，両者をまとめて取り扱うにはやはり２コマは必要だろう。本章で提案する実践案は，その点を想定して，２コマ続きの授業での実施を想定しているが，まず本節において授業の展開の方法について概略的に説明した後，次節において，生徒たちに学ばせたい内容面のポイントを解説する形で稿を進めていきたい。

ではまず，授業の進め方であるが，本授業では，一般に「知識構成型ジグソー法」などと呼ばれる手法を用いて授業を行う案を具体化してみた[5)]。

(1) 前提

以下の記述は，授業を行うクラスの履修者数を20人と想定している。「日本史探究」は高等学校における必履修科目ではなく，選択科目であるため，学校や年度によって履修者数には変動があろうと思われるが，構成するグループや用意する史料の数によって，ある程度柔軟に対応できるものと思われる。

(2) 授業の展開

本時の授業はおおむね以下のようないくつかのステップを経て展開する。

<u>ステップ①</u>（20分）

本時のはじめに，５人ずつで構成された４つのグループを作り，５人にそれぞれ別々の史料Ａ～Ｅを割り振っておく（図３－１参照）。但し，この段階では，グループに分かれて何らかの活動をすることはなく，Ａ～Ｅのすべての史料が掲載されたプリントを全員に配布し，教師は，本時の授業が，これらの史料を使って，「武士はいつ頃，どのような要因で社会に登場したのだろうか」について考えることが目標である旨を知らせる（「大きな課題」の設定）。この際，既習・既存の知識はまず措いた上で，これらの史料からこのテーマに迫ること

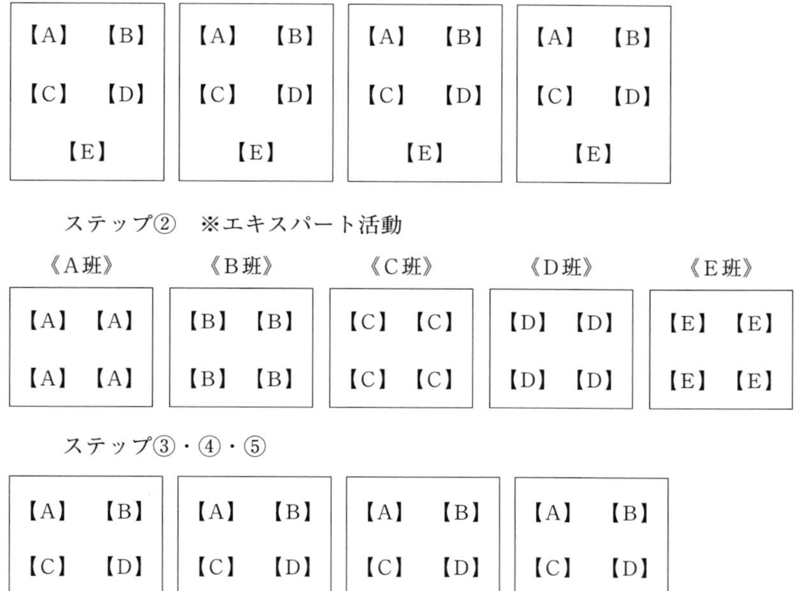

図３－１　各ステップの班構成

が本時の課題であることに注意を促しておくことが重要である。その上で，教師は，生徒の既習の知識や理解度の浅深に応じて，あらかじめＡ～Ｅの史料のそれぞれについて，ごく簡単にこれがどのような史料であるか（背景や史料の性格など），また関連する知識（例えば，教科書のどの用語や人物に関連する史料であるかなど，生徒が考えるための手がかり）などを説明しておく。ただ，これらの事項は，後掲の史料編に載せている【解説】などとともに，史料が掲載されたプリントにあらかじめ刷り込んでおいてもよいだろうし，後段で述べる机間巡視の際に，ヒントとして与えてもよいかも知れない。

その後，このステップの最後に，各自がこの「大きな課題」についての「自分なりの答え」をノートやワークシートに書かせるようにする。このプロセスは，履修者の各自に，本時の課題を自覚させ，全員にこれらの課題が浸透し，共有させることを狙うものだが，同時に，この課題が一人の力では十分に解答できないものであると認識させることが，教育的には重要であるとのことである[6)]。

ステップ②（20〜30分）

次に，①のグループをいったん解体し，同じ史料Ａ〜Ｅを割り振られた人同士で「エキスパート班」を構成する。１つのエキスパート班は，同じ史料を割り振られた４人で構成され，合計５つのエキスパート班ができることとなる（図３－１参照）。エキスパート班では，割り振られた史料を４人で解読し，分からない点があれば，ＰＣやタブレット，スマートフォンなども活用しながら，できるだけ班の中で解決し（この点，後掲の史料編では，史料を解読するための最低限の語釈や現代語訳を付しておいたので，これを既習の知識や理解度の浅深に応じて，あらかじめプリントの中に刷り込んでおいてもよい），あわせて，史料ごとに設定された課題（「小さな課題」）について，班の中で話し合い，全員で解答案を作成する。これを「エキスパート活動」という。それぞれの史料からどのようなことが読み取れるかを，班の中でお互いに確認し合いしながら，史料についての理解を深め，１人１人がその史料についての「エキスパート」になっていくわけである。

ここで重要なのは，この後，次のステップ③ではこのエキスパート班は解体され，ステップ①で組んだ元の班に戻っていくことをあらかじめ知らせておくことである。そのことにより，元の班では，それぞれの史料Ａ〜Ｅについて深い理解をもっているエキスパートは自分しかいないという自覚をもたせ，班の他のメンバーに対し，自分が理解したそれぞれの史料についての解釈を説明する準備をここでしているという気持ちで，エキスパート活動を行わせることが肝要であろう。もちろん，この間，教師はそれぞれのエキスパート班を順次，机間巡視し，適宜，必要なアドバイスを行ったり，質問に答えたりしながら，

チャレンジしよう！

①教科書で『小右記』の一節が引用されているページを探し、そこに記された藤原道長の詠んだ和歌を書き出してみよう。

②資料集で、清涼殿がどこにあるか探し、そこがどのような場所であるか調べてみよう。

③「参考史料」中に記された「家ヲ継ギタル兵」とは、『小右記』を参考にすると、どのような武士だと考えられるだろうか。『小右記』中の言葉を使って表現してみよう。

④この史料から、武力を持った人たちの活動が活発になり始めた時代にあって、当時の貴族たちは、その中でどういう人々をとくに「武士」であると考えていたか、考察してみよう。

図３－２　Ｄ班で用意する補助的ワークシートの例

班内での議論があらぬ方向に行かないよう，見守ることも必要となってくる。また，ここでのエキスパート活動はこの授業のある意味での核心なので，ここを完全に生徒たちの自由な議論に委ねてしまうことに不安があったり，問題があると感じる場合は，生徒の学習意欲や理解度の浅深により，班ごとに例えば図３－２のような補助的なワークシートを用意して，生徒の理解をサポートしても良いだろう。

ステップ③（15分）

休憩時間を挟んだ後，ステップ②のエキスパート班を解体して元のグループ（ステップ①のグループ）に戻らせ，他のグループメンバーにそれぞれのエキスパート班で話し合った内容や解答案を報告させるとともに，他のメンバーがそれぞれのエキスパート班で話し合ってきた内容を聞きながら，「大きな課題」についての解答案を全員で作成させる。この際，自分以外の他のメンバーは，史料に対して設けられた「小さな課題」についても知らないので,「こういう『小さな課題』に対して，この史料からはこういうことが分かった」という，エキスパート班の中での議論の様子やそこで出た様々な意見も含めて，他のメンバーに紹介することで，自分の意見を他のメンバーに説明する。その一方で，同様に他のメンバーがそれぞれのエキスパート班内で話してきた内容も聞くので,それを総合して,「大きな課題」に対する自分たちの解答を作成する過程で，自分なりの「武士発生の要因」についての考えをまとめていく。この活動をジグソー活動といい，ステップ①において，１人では十分に解答できなかった問いに対し，それぞれに異なる答えの「部品」（この場合はＡ～Ｅの史料とそれに対する解釈という答え）を持った人同士がそれを持ち寄り，「大きな課題」を解決（解答）してゆくという，課題解決活動となる。

なお，教師はこの間もグループ間を巡回し，適宜，質問に答えたり，必要なアドバイスを行うが，班によっては十分な解決に至らない班がある可能性もある。しかし，そこで無理に解答を出させる必要はなく，最終的には次のステップ④に解決を持ち越してもよい。

ステップ④（15分）

それぞれのグループの中で話し合った内容と，「大きな課題」に対する解答案を全グループに発表させる（もしくは時間がない時などは，レポート等として提出させてもよいか)。これをクロストークと言い，ステップ③のジグソー活動において,十分な解答に至らなかった班も,他の班の発表を聞くことによって，「そう考えれば良かったのか」「そういう考え方もあるのか」という発見があり，自分の班以外の班の発表を聞き比べることによって，「私にはこの考え方の方が納得できる」などと，より深い理解へ至る可能性もある。また，ジグソー活動において十分な解答に至らなかった場合でも，単に発表を聞くよりも，そこまでの活動をやってきて「分からない」ことが自覚できているがゆえに，他のグループの発表を聞き，それを受け入れる準備ができているので，最後のこのクロストークが有効な学びの場になると思われる。

ステップ⑤（20分）

一般的な知識構成型ジグソー法による授業では，最後にもう一度，最初の「大きな課題」と同じ課題について，本時での授業の過程をふまえ，他の人の意見や考え方なども参考にしながら，それらを総合して解答し，ひとりひとりに提出させるのが一般的であるという。これにより，本時の授業で自分が何を理解したのか，理解できないままなのは何なのかを自覚し，次の授業に向かう動機になるのだという。もちろん，この授業でもそのような活動を行って知識や理解の定着を図るのもひとつの方法ではある。

但し，このような一連のやり方で授業を行った場合，多くの史料を短時間で扱えることや，ひとりひとりの生徒に役割を与え，主体的に学習させることができるメリットがある反面，教師による史料の解説や解釈を示す時間がないため，ひとつひとつの史料を表層的にしか理解できない可能性や，誤って解釈してしまう可能性がなきにしもあらずである。そこで，最後に教師による全体の総括やまとめ，個々の班の発表に対するコメントや，誤った史料解釈などがあった場合の補足説明などの時間を用意することも重要かと思われる。

２．エキスパート班各班の議論のねらい

本時の授業は，上述の通り，基本的には生徒たちの主体的な学習に委ねられている部分が大きく，教師が介入できる余地はあまり大きくないのだが，それでも使われる史料Ａ～Ｅは，生徒たちはもちろん，教師にとってもあまりなじみのない史料であると思われる。そのため，ここでは，とくに生徒たちによ

る「エキスパート活動」においてどんな議論が行われることが期待されるか，またその際の留意点などを示し，あわせて教師による机間巡視の際や最後の総括コメント等における指導のポイントを提示しておきたい。なお，それぞれの「エキスパート班」は，取り扱う史料A～Eに応じて以下ではA班～E班と呼ぶこととし，史料ごとに設定された「小さな課題」についても，以下で示すこととする。

《A班》

A班は，『続日本紀』養老5（721）年正月27日条を用いて，「武士」という言葉は，いつ頃から使われ始め，社会の中でどのように位置づけられていたか？という課題に取り組む。まず，史料Aの【解説と課題】に示してあるように，この史料は，「武士」という文言が初めて文献上に記された史料である。歴史学においては，対象となる存在がいつ社会に登場したかを考える際，それがいつ頃から文献にみえ始めるかという点を重視する。『続日本紀』は，平安時代のごく初期に編纂された書物で，『日本書紀』に次ぐ六国史の第二であるため，基本的には二次史料（編纂史料）ということになるが，対象としている本条は，養老5（721）年正月に発布された詔を引載したもので，その史料的な信憑性は高いと考えられる。つまり，武士という言葉は，文献上は，奈良時代の養老5（721）年にはみえ，その頃から社会に存在していたということが分かる。

その上でこの史料をさらに読み進めていくと，武士は，「文人」と並んで「国家」に重く用いられる存在であったことも分かる。「文人」とは，詩歌や書画に優れた文化人との意味あいがある一方で，辞書類では，「文事をもって仕える人」「大学寮の文章生」などの意味があり（『日本国語大辞典』），ここでは後者の意味，すなわち官僚・役人などの意で捉えるのが適切であろう。武士は官僚たちと同じレベルで国家に重用されていたのである。但し，それに続く部分を最後まで読んでいくと，そうしたある意味での「建前」とは裏腹に，武士が社会の中でどのように位置づけられていたのかが分かる点がより重要である。すなわちこの詔は，「百僚」つまり国家に仕えるすべての者の中から，「学業に優れ，人に技能や知識を教えることができるレベルの者を選抜して，その者たちに褒賞を与える」としているのであり，そのことによって後続の者たちへの奨励としたいとしているのである。また，これが単なる政策的なスローガンではないことは，その後に具体的に褒賞を与えた者の氏名とその職位，および褒賞品の内容まで詳細に記している点からも明らかである。ただ，そこでいわゆる「文人」と武士を比較してみると，「明経博士」すなわち四書五経の学問の専門家が従五位上・正六位上の官位で待遇され，20疋・糸20絇・布30端・鍬20口などが賜られたのに対し，武芸に秀でた者は正七位下･従七位下で待遇され，絁10疋・糸絇・布20端・鍬20口が賜られている。褒賞品の種類は同じでも，その分量に明らかに格差があったことが分かるのである。これが実態であった。

《Ｂ班》

このように，官僚と武士の待遇に経済的な格差があったことからすれば，自ら進んで武士になろうとする人が多くなかったであろうことは，ある意味，想像しやすいことではあるが，それでも平安時代の初め頃には，律令制の官職体系の中で，宮城（都）の警衛にあたる衛府に所属する者たちの中に，代々その職を受け継ぐ特定の家系がいくつか出始めてきたことも確かである[7]。例えば，紀・小野・坂上氏などがその典型であるが，官僚（官人）のすべてが大臣になれるわけではないことからすれば，これはある意味当然と言えば当然であろう。

Ｂ班では，『日本文徳天皇実録』仁寿２（852）年12月22日条を用いて，武士として生きていく可能性もあった人物が，なぜ貴族として生きていく選択をしたのかという課題を考えることを通じて，武士とは何かを考えさせる。まず，『日本文徳天皇実録』という史料であるが，これもいわゆる六国史の一つで，その第五であるため，やはり二次史料ということになるが，対象となっている本条は，優れた漢詩を残したことで知られる小野篁が薨去した時の評伝であり，官暦などもおおむね正確で，史料としての信憑性には問題がないと考えられる。この中でまず，篁の系譜に注目すると，父は小野岑守といい，弘仁年間（810～824）の初め，陸奥守になった経歴をもつ人物であったという。実際，『日本後紀』によると，弘仁６（815）年に岑守が陸奥守に任じられていることが確かめられる。岑守はその任中，俘囚（蝦夷）を帰順させたことにより嵯峨天皇から賞賛の詔勅を受け[8]，さらに出羽国出羽郡にその国府を設置したことが『日本三代実録』に記されているから[9]，東北の経営に一定の功績があったようである。しかしその一方で岑守は，弘仁５（814）年成立の勅撰漢詩集『凌雲集』に，嵯峨天皇に次いで多い13首の漢詩が採録されるなど，漢詩に優れた才能を発揮し，『日本後紀』の編纂にも携わった文人でもあった。

このような父をもつ篁は，史料Ｂによると，年少の頃は父に従って「客遊」し，長じて都に帰ってきた時には，「学業を事とせず」とあることから，敢えて父のような文人として立身することを嫌っていたかにみえる。しかし，これをみた嵯峨天皇は，「既にその人の子として，何ぞかえりて弓馬の士となるや」と嘆いたという。つまり，文人として名をなした岑守の子でありながら，どうして「弓馬の士」などになろうとするのか，というわけである。ここでいう「弓馬の士」とは，弓矢を操る技能や，馬を乗りこなす技能に長けた者という意味で，すなわち武士を意味するのであろう。嵯峨天皇の言動は，文人に比べ武士を低くみる社会通念を背景としたものであることは明らかであろうが，史料Ｂでより注目したいのは，篁自身も，それを聞いて「恥ず」という感情を抱いたという点である。文・武にわたる父の功績のどちらも見た篁にとっても，やはり文は武に勝るとみえたようである。弘仁13（822）年春，篁は文章生の試験を受けて合格し，文官としての道を歩むことになったのであった。篁，20歳の春であった。

《Ｃ班》

平安時代の中頃，10世紀に入り，中央の政治過程では藤原氏（北家）への権力集中が進み，他氏排斥を通じた摂関政治が確立して律令制による支配が大きく揺らいでいく時期に，都の貴族を震撼させた大きな事件が起こった。東国と西国でほぼ同時に起こった，平将門・藤原純友による承平・天慶の乱である。このうち，史料Ｃでは，将門の乱について記した『将門記』という軍記物語の一節を取り上げた。文学作品であるため，史料の信憑性には一定の留保が必要だが，『将門記』は乱の経過に関しては比較的，史実に忠実であると言われている。近年の研究でも，関連史料が少ないということもあるが，一定程度，史料としての利用が進められているのが実情である。

将門の乱は，長期に及ぶ戦乱であるが，その初期段階は，ほとんどが下総・常陸における一族内や地域の豪族たちの私的なトラブル（私闘）に将門が巻き込まれていったものとされており，都の貴族を震撼させたのは，天慶２（939）年，将門が常陸国府を焼き払い，下野・上野国府を次々に襲って，上野国府にて坂東諸国に受領（国司）を任じる除目を行ったことによる。一方，純友の乱に関しても，承平段階はまだ純友による単なる海賊活動に過ぎず，備前・播磨の国司を襲撃して以降を本格化したものとし，両者の呼称を「天慶の乱」とするのが近年，定着しつつある見方と言えるだろう。いずれにせよ，当時の貴族たちの意識としては，天皇によって任じられた国司を襲撃したり，国府を襲って天皇に代わって受領を任じるなどの行為は，想像を絶する驚天動地の事態であったに違いない。その記憶は，後述するように，はるかに250年近くの時を経て，子孫たちの日記の中によみがえるほどの強烈なインパクトをもった。それほどこの事件は，貴族社会に大きな衝撃を与える事件であったのである。

では，将門の乱の知らせを受けた当時の貴族たちはどんな感情をもっただろうか。それを想像するために，実際の将門の放った言葉に耳を傾けてみよう，というのがＣ班のエキスパート活動である。但し，『将門記』が文学作品であり，場面を盛り上げるための演出が含まれていることには一定の注意を促しておく必要がある。また上述したように，この乱が都から遠く離れた地方において，農村を基盤とする勢力同士が対立する勢力から自らの基盤を守るための私闘から始まったものであったことに注意させることが重要であろう。

その上で『将門記』には，そのような乱を鎮圧した者たちの名と褒賞が記されており，その部分にも注目したい。まずは源経基であるが，「虚言を奏すといえども，ついに実事たるによりて」という理由で従五位下に叙任されている。これは，経基が，自分が誅伐されることを恐れて逃亡したにも関わらず，朝廷に「謀反」を報告したことを指すとみられる。褒賞は，結果的にこの報告が最終的な鎮圧に繋がったことによるものであろうか。次に平貞盛は，「年ごろ合戦を経るといえども，いまだ勝負を定めず」とあって，合戦が長期に及びながら，貞盛自身によっては決着が付けられなかったこと，しかし，「多年の険難を経て，今兇怒の類を誅せり」と，その長期の戦闘が最終的な誅伐に至ったことを評価して，正五位上に叙任されている。最後に，この戦乱で最も高い評価を受けたのが下野国の押領使であった藤原秀郷で，「謀叛の首を斬り討つ」とされ，従四位下に叙任されている。秀郷はその後，下野守に任官されるなど[10]，破格の褒賞を得ており，その子孫が後にこの地域を基盤に武士団として成長していく点などからも，典型的な武士として認知されていくようになる。同様に，貞盛は伊勢平氏（桓武平氏の一流），経基は河内源氏（清和源氏の一流）のそれぞれ祖とされていくのであり，彼らが都を活動の基盤とする軍事貴族として活動していく点にも注意を向けさせる必要がある。いずれにせよ，この点が武士という社会集団の成立と深く関わっていくのだが，その点は次の史料Dとともに考えていきたい。

《D 班》

天慶の乱の一連の経緯は，貴族社会に大きな衝撃をもたらしたが，それは武力を持った者が社会を大きく変える可能性があるという点において，貴族たちを大いに震撼させた。しかし，単に武器や武力を持った者という点で言えば，史料Aからも分かる通り，律令制における衛府の官人たちも，宮城を守るために相応の武器を持っていたはずである。では，そういう者たちは，当時において「武士」と認識されていただろうか。こうした課題を考えるために，史料Dを読んでみたい。

史料Dは小野宮右大臣と通称された藤原実資の日記で，『小右記』長元元年7月24日条である。日記の名称は「小野宮」の「小」と「右大臣」の「右」を組み合わせて後世に付けられたものである。実資が日々書き継いでいった日次記で，一次史料としてその価値が高いことは言うまでもない。但しこの日の記述は非常に言葉足らずで，解釈がなかなか難しいが，冒頭にあるように，左衛門尉範基という人物が，自分の郎等を殺害したという事件に関する記事のようである。このことについて，「紙面に注し，殿上の口の戸に押し付く」とあるのは，事件の経緯などが記された貼紙が何者かによって「殿上の口の戸」すなわち，内裏の清涼殿の中にある「殿上の間」（通常は公卿や殿上人が控える詰め所）の入口の扉に貼り付けられたということであろう。その後に続く「この事人々，彼の間にある所と云々」の解釈がより難解だが，その後の「弾指すべし」から推して，【現代語訳】に記した通り，「これについて人々は，いかにもありそうなことだと噂した」と解しておきたい。

どうも範基はふだんから乱暴な振る舞いが多かったようで，その素行から推測して，自分の郎等を殺すことくらい十分あり得ることだ，という噂が立ち，そのことについて記主の実資は「弾指すべし」と非難しているのである。その理由として実資は，範基が「武芸を好む」ことは「万人の許さざる所」だからであると述べ，さらに「内外ともに武者の種胤に非ず」との見解を示している。では，「武者の種胤」とは何であろうか。

直訳すればこれは「武士の子孫」ということになろうが，確かにここで指弾されている藤原範基は，藤原南家出身の官人で蔵人なども歴任したが[11)]，「内外ともに」すなわち父系にも母系にも武を以て名を挙げた者はいない，そういう意味で武者としての家系に生まれた者ではない，というのが当時の人々の間での一般的な認識であった。つまり，当時の貴族社会では，武器や武力を持った人をすべからく「武士」「武者」とする認識はなく，特定の家柄に属する人のみをそう認識する意識が支配的であったということである。これは，【参考資料】として挙げた『今昔物語』で，大強盗の袴垂を智略によって手懐けた藤原保昌に対して，彼もまた「家ヲ継ギタル兵ニモ非ズ」と評した世間一般の認識とも共通するものである。つまりこの当時の社会では，武士とは，特定の家柄の者たちに対するかなり限定的な呼称であり，その「特定の家柄」こそ，天慶の乱を鎮圧した藤原秀郷・平貞盛・源経基を祖とする一族であった，とするのが現在における歴史研究の有力な学説である。但し，これに対して，あくまでもその発生は衛府（兵衛府・衛門府・近衛府など）や検非違使などの武官であったことを重視する学説もあって，現在でも論争が続いている。

なお，この３人とも押領使・追捕使，あるいは鎮守府将軍など，地方で発生した兵乱を鎮めるために都から派遣された中下級貴族であり，軍事貴族である。

後にその子孫たちが地域に根を下ろし，源氏・平氏といった大武士団に成長していったのは前述した通りだが，その始祖である３人は確かにもともとは都で活動する貴族であった。武士が都から発生した，とみる見方はこの点を根拠としているのである。

《E 班》

では，そのように発生した武士は，なぜその後も社会の中で定着し，社会集団として成長を遂げていくことができたのだろうか。もちろんそこには，王権や貴族たちが彼らを重用したからとか，彼らが地方で利潤の集まる拠点を掌握したからとか，政治的・経済的に様々な要因はあろう。しかしここでは，貴族社会がなぜ武士たちを登用せざるを得なかったのかという視点から，彼らを登用した貴族たちの心理を探っていくという方法をとってみることにしたい。

史料Ｅは，武士が社会に登場し始めた９世紀から200年以上の時を経た12世紀の終わり頃，九条兼実という貴族が記した日記（『玉葉』）の一節である。著名な史料で，平治の乱の後，伊豆国に配流されていた源頼朝が平氏打倒を目指して挙兵したとの第一報が兼実に届けられた時の，兼実の反応を記している。但し，冒頭3行は，直接には頼朝の挙兵とは関係なく，熊野権別当（熊野三山の社僧勢力のナンバー２）湛増が，対立していた弟の湛覚の城と所領の人家を焼き払い，鹿ヶ瀬峠以南を押領したとの伝聞情報を記している。これに続く「又伝え聞く」以降が，頼朝挙兵に関わる記事である。注目すべきは，この中のどこにも「頼朝」の名はなく，この記事の中では「謀叛の賊義朝の子」と記されているのが，頼朝のことであるという点である。頼朝自身は，保元の乱で初陣を遂げ，その功により右兵衛権佐に任官していたが，少なくともこの時点では九条兼実にはその名を認識されておらず，恐らく当時の貴族社会の中では，ほとんどその名を知っている者はいなかったのではないかと思われる。その「義朝の子」が，ここでは「新司の先使」すなわち新任の国司（それまで伊豆国では，源頼政の子・仲綱が国司を務めていたが，以仁王・源頼政の挙兵失敗により，新たな国司として平時兼が赴任しようとしていた）の先遣隊（目代）として伊豆に入っていた山木兼隆を「凌礫」すなわち襲撃したとの知らせが，当時，右大臣であった九条兼実のもとに届けられたのである。

そしてこの知らせを聞いた兼実の反応が記されているのが，末尾の一行である。つまり,「大略謀叛を企つるか。宛かも将門の如しと云々」という言葉で，頼朝の行動を「謀叛」であると断じ，その行動は「将門のようである」と評しているのである。天慶の乱が終わったのが天慶３（940）年であるから，治承４（1180）年を遡ること240年以上前の将門の乱の「記憶」がここで甦っている。もちろん，これは兼実個人の記憶であるわけではなく，貴族社会の中に共有された「記憶」と言うべきであろう。それくらい，将門の乱の「記憶」は貴族社会に強烈なインパクトを残していたのである。なお，こうした将門の乱の「記憶」は，たとえば安和２（969）年の安和の変や，永久元（1113）年の山門嗷訴の際にも呼び覚まされていたことが分かる[12)]。史料Ｅは鎌倉幕府の成立に関わる重要な史料でもあるので，その単元でこの史料を使いたい場合は，これら安和の変や山門嗷訴の史料を代替として使ってもよいだろう。

おわりに

以上，本章では，武士の登場と成長というテーマ（単元）においてどのような探究的な授業が可能か，という点を意識して授業の進め方とその狙いについて述べた。その進め方としては，多くの史料を一度に取り扱える利点を活かした知識構成型ジグソー法という教育手法をヒントにしつつ，史料Ａで「武士」文言の初見史料を検討し，史料Ｂでは武士になることを「恥ずかしい」と感じた当時の人の意識に触れた。さらに史料Ｃでは貴族社会を震撼させた平将門の乱に対する貴族たちの意識に思いを廻らせ，史料Ｄで武器を持っていれば誰もが武士と呼ばれたわけではないという，当時の貴族たちの「武士」認識を一次史料から探らせた。そして最後に史料Ｅから，なぜ特定の人々が武士と呼ばれたのかということを考えるために，将門の乱の「重み」について考えさせた。このようにある程度ストーリーを作って史料を配置し，最後に教師によってそのストーリーを説明する時間を確保することで，生徒たちによるいわゆる

「脱線」を補正し，ある程度筋道の立った歴史の脈略を理解させることが可能となろう。

本章では，授業の進め方を前半で提起するとともに，5点の史料を取り上げる想定でそれぞれのエキスパート班でどのようなことを議論させたいか，という狙いを後半で述べた。したがって，必ずしも教科書の記述に沿って一定の知識を教えるという，従来型の授業にはなっておらず，これでは取りこぼす知識があるのではないか，という批判も甘受せざるを得ない。しかしその一方で，六国史などの二次史料から，『小右記』・『玉葉』などの一次史料，さらには『将門記』のような文学作品まで，幅広い性格の史料を取り上げたことで，それらの史料の特性（違い）や特徴にも注意を向けさせ，「歴史総合」で学んだ史料と歴史叙述の緊張関係という視点を[13)]，具体的に展開する教材ととらえて頂ければ幸いである。

史料編

史料A　『続日本紀』養老五（721）年正月二十七日条

【本文】

又　詔曰，文人武士，国家所重，医卜方術，古今斯崇，宜擢於百僚之内，優遊学業，堪為師範者，特加賞賜，勧励後生，因賜明経第一博士従五位上鍜治造大隅，正六位上越智麻呂直広江，各絁(つむぎ)二十疋，糸二十絇，布三十端，鍬二十口。…武芸正七位下佐伯宿祢式麻呂，従七位下凡海連興志・板安忌寸犬養・正八位下置始連首麻呂，各絁十疋，糸十絇，布二十端，鍬二十口。

【読み下し文】

また詔(みことのり)して曰(いわ)く，文人・武士は国家の重んずるところ，医卜(ぼく)・方術(ほうじゅつ)は古今これを尊ぶ。よろしく百僚の内，学業に優遊(ゆうゆう)し，師範(しはん)たるに堪(た)える者を選び，とくに賞賜(しょうし)を加えて後生(こうせい)を勧め励ますべし。よって明経第一博士，従五位上の鍛冶造大隅，正六位上の越智麻呂直広江に各絁(つむぎ)二十疋，糸二十絇，布三十端，鍬(すき)二十口(を賜う)。…武芸正七位下の佐伯宿祢式麻呂，従七位下の凢海連興志・板安忌寸犬養・正八位下の置始連首麻呂には各絁十疋，糸十絇，布二十端，鍬二十口を賜う。

【語釈】

＊文人…官僚，役人のこと。
＊医卜・方術…医学や易学（占いの学），技術。
＊百僚…大勢の官僚。
＊優遊…ゆったり心のままに楽しむこと。
＊師範…物事を教えること。
＊賞賜…功労などに対する褒美。
＊後生…後から生まれた人，後進。
＊明経第一博士…経書の専門家。

【現代語訳】

詔によると，文人と武士は国家が重用するところであり，医学・占いやその技術は古来尊重されてきたものである。そこで多くの官僚の中から，学業を好み，師範にふさわしい者を選んで褒美を与え，後から生まれてくる人々にもこれを奨励すべきである，とのことである。よって，経書の専門家である鍛冶造大隅，越智麻呂直広江にそれぞれ絁二十疋，糸二十絇，布三十端，鍬二十口（を賜わった）。…武芸の専門家である佐伯宿祢式麻呂・凢海連興志・板安忌寸犬養・置始連首麻呂にはそれぞれ絁十疋，糸十絇，布二十端，鍬二十口を賜った。

【解説】

武士と呼ばれるような人々がいつ頃，社会に登場してきたのかを考えるためには，「武士」という言葉が，文献の上でいつから使われ始めたか，それはどのような意味を持っていたか，ということを確かめることがまずは有効である。この史料は，「武士」という言葉が文献上，初めて使われた用例として知られている史料である。

この史料から，武士と呼ばれた人々が，当初，社会の中でどのように扱われていたかを考えてみよう。ちなみに，鍛冶造大隅，越智麻呂直広江，佐伯宿祢式麻呂，几海連興志，板安忌寸犬養，置始連首麻呂はいずれも人名である。

史料B 『日本文徳天皇実録』仁寿二（852）年十二月二十二日条

【本文】

癸未，参議左大弁従三位小野朝臣篁薨，篁，参議正四位下岑守長子也，岑守，弘仁之初，為陸奥守，篁随父客遊，…後帰京師，不事学業， 嵯峨天皇聞之，嘆曰，既為其人之子，何還為弓馬之士乎，篁由是慚悔，乃始志学，十三年春，奉文章生試，及第，

【読み下し文】

癸未（みずのとひつじ），参議左大弁従三位小野朝臣篁（たかむら），薨（こう）ず。篁，参議正四位下の岑守の長子なり。岑守，弘仁の初め，陸奥守たり。篁，父に随い客遊（きゃくゆう）す。…後に京師（けいし）に帰り，学業を事とせず。 嵯峨（さが）天皇これを聞き，嘆きて曰く，「既にその人の子として，何ぞかえりて弓馬の士となるや」と。篁，この由を恥ず。よってはじめて学を志し，十三年春，文章生（もんじょうしょう）の試を奉（う）け及第（きゅうだい）す。

【語釈】

＊薨ず…亡くなる。

＊岑守…小野岑守。漢詩に優れた文人。

＊弘仁…810～824年。

＊客遊…他郷・他国に旅をすること。

＊京師…都，帝都。

＊十三年…弘仁13年（822）。

＊文章生試…大学寮において紀伝道（歴史学）を専攻する文章生となるための試験。文章生となることは，官僚となる第一歩であった。

＊及第…合格すること。

【現代語訳】

仁寿2（852）年12月22日，参議左大弁の小野篁が亡くなった。篁は参議正四位下の岑守の長子であった。岑守は弘仁年間の初め，陸奥守を務めた。篁は父に随って（京都を離れ）他国で育った。…後に都に戻り，学業をあまり好まずにいたところ，嵯峨天皇はこれを聞いて嘆き，「文人として優れていた岑守の子であるのに，どうして敢えて弓馬の士となったのか」と言った。篁はこれを聞いて恥ずかしく思い，一念発起して学問を志し，弘仁13（822）年春，文章生となるための試験を受けて合格した。

【解説】

この史料は，平安時代前期の貴族で，優れた漢詩を残したことでも知られる小野篁が亡くなった時の評伝の一節である。

この史料を読んで，のちに貴族として活躍した篁が，どうして貴族となることを目指したのか，またそれは何故だったかを考えてみよう。

史料C　『将門記』

【本文】

于時新皇勅云，「…将門苟揚兵名於坂東，振合戦於花夷，今世之人，必以撃勝為君，…凡領八国之程，一朝之軍，攻来者，足柄・碓氷固二関，当禦坂東」（中略）然間，武蔵介源経基・常陸大掾平貞盛・下野押領使藤原秀郷等，非無勲功之勇，有褒賞験，（中略）今，介経基也，始雖奏虚言，終依実事，敍従五位下，掾貞盛頃年雖歴合戦，未定勝負，而秀郷合力，斬討謀叛之首，是秀郷古計之所厳者，敍従四位下，又貞盛既歴多年之険難，今誅兇怒之類，尤貞盛励之所致也，故叙正五位上已了，

【読み下し文】

時に新皇，勅して云はく，「…将門いやしくも兵（つわもの）の名を坂東（ばんどう）にあげ，合戦を花夷（かい）にふるう。今の世の人，必ず撃ちて勝てるを以て君（くん）となす。…およそ八国を領せむの程に，一朝の軍，攻め来たらば足柄・碓氷（うすい）の二関を固めて，まさに坂東を禦（ふせ）がん」。(中略)

しかる間，武蔵介（むさしのすけ）源経基，常陸大掾（だいじょう）平貞盛，下野押領使（おうりょうし）藤原秀郷等，勲功の勇みなきに非ずとして，褒賞（ほうしょう）の験（しるし）あり。(中略)

今，介経基ならむや，はじめ虚言（きょげん）を奏すといえども，ついに実事たるによりて，従五位下に叙す。掾貞盛は，年ごろ合戦を経るといえども，いまだ勝負を定めず。しかるに秀郷合力して謀叛（むほん）の首を斬り討つ。これ秀郷が古き計（はかりごと）の厳（いか）めしき所なりとてへり。従四位下に叙す。また貞盛は既に多年の険難（けんなん）を経て，今兇怒（きょうど）の類を誅せり。もっとも貞盛が励みの致すところなり。故に正五位上に叙することすでに了んぬ。

【語釈】

＊新皇…平将門がこの時自ら名乗った称号。

＊坂東…関東の八ヶ国。

＊花夷…都と東国のこと。

＊一朝の軍…朝廷の軍勢。

＊足柄・碓氷の二関…足柄峠（神奈川県）と碓氷峠（群馬県）の関所。

＊褒賞の験…褒美を授けるに値する証拠。

＊虚言…偽りごと。

＊古き計…老練な策略。

＊険難…困難なこと。

＊兇怒の類…凶悪な一味。

【現代語訳】

この時，平将門はこのように言った。「将門はかりそめにも兵（つわもの）としての名を関東一円にとどろかせ，戦上手との評判を都と地方にも広めてきた。今の世の人は，戦に必ず勝てる人を君主とするものだ（自分こそそういう人間だ）。…そして実際に関東八ヶ国を占領した際に，朝廷の全軍が攻め寄せて来たならば，足柄･碓氷の二箇所の関所を守って，必ず関東一円を守ってみせよう」と。（中略）乱の後，武蔵介源経基・常陸大掾平貞盛・下野押領使藤原秀郷等の勲功については，褒美に値する証拠が揃っていた。（中略）経基については，はじめ虚偽の報告をしたとされたが，後にそれは真実だったと分かったことから，従五位下が授けられた。貞盛については，長年合戦を続けたにも関わらず，勝負をつけることができなかったが，秀郷が加勢して謀叛人（将門）の首を斬ることができた。これは秀郷の老練な策略の結果であった。そこで秀郷には従四位下が授けられた。なお貞盛は，長年の困難を乗り越えて，将門の一味たちを誅した。これは貞盛が諦めずに頑張った成果であり，これにより貞盛は正五位上を授けられた。

【解説】

『将門記』は平将門の乱について記した文学作品で，11世紀までには成立していたとみられている。中国の古典を引用するなど，相当な知識のある人物によって修飾を交えて記されているが，おおむねに事実に基づいて書かれているとの評価を得ている。

これを読んで，将門の放った言葉を聞いた都の貴族たちがどのように感じたか，また，乱を鎮圧した藤原秀郷・平貞盛・源経基に対してどのように思ったか，考えてみよう。

史料Ｄ　『小右記』長元元（1028）年七月二十四日条

【本文】

廿四日，丁巳，…又云，近曽左衛門尉範基，殺害郎等之事，注紙面，推付殿上口戸，此事人々彼間有所云々，可弾指々々，範基好武芸，万人所不許，内外共非武者種胤，

【読み下し文】

二十四日，丁巳（ひのとみ），…また云わく，さきごろ左衛門尉範基，郎等を殺害するの事，紙面に注し，殿上（てんじょう）の口の戸に推し付く。この事人々，彼の間にある所と云々。弾指（だんし）すべし弾指すべし。範基の武芸を好むは万人の許さざる所（なり）。内外ともに武者の種胤（しゅいん）に非ず。

【語釈】

＊殿上…宮中の清涼殿もしくはその一角である殿上の間と呼ばれる一室。

＊弾指…非難されること。

＊内外…父と母の両方の家系。

＊種胤…子孫。

【現代語訳】

二十四日，…また，最近，左衛門尉藤原範基が郎等を殺害したことについて，そのことが紙に記されて，殿上の間の入口の扉に貼り出された。これについて人々は，ありそうなことだと噂した。指弾すべきことである。範基は武芸を好む者であったが，それは万人が許すところではないだろう。何故なら彼は，父母の家系とも武者の子孫ではないからである。

【解説】

『小右記』は右大臣までを務めた藤原実資の日記である。摂関政治が華やかなりし時代に書かれた貴族の日記であり，武士と呼ばれた人々の活動が活発になり始めた時代の日記であることから，当時の貴族たちが，武士をどのようなものととらえていたかを知る上では絶好の史料である。

この史料から，武力を持った人たちの活動が活発になり始めた時代にあって，当時の貴族たちは，その中でどういう人々をとくに「武士」であると考えていたか，考察してみよう。

【参考資料】『今昔物語集』「藤原保昌朝臣，盗人袴垂に値ふ語」

今ハ昔，世ニ袴垂ト云フ盗人ノ大将軍アリケリ。心太ク力強ク，足早ク，手効キ，思量賢ク，世ニ並ビ無キ者ニナム有リケル。万人ノ物ヲバ隙ヲ伺テ奪ヒ取ルヲ以テ役トセリ。

其レガ十月バカリニ衣ノ要アリケレバ，衣少シ儲ケムト思ヒテ，シカルベキ所々ヲ伺イ行キケルニ，夜半バカリニ人皆寝静マリハテテ，月ノヲボロ也ケルニ，大路ニスズロニ衣ノ数着タリケル主ノ，指貫ナメリト見ユル袴ノ蕎ハサミテ，衣ノ狩衣メキテ，ナヨヨカナルヲ着テ，只独リ笛ヲ吹キテ，行キモヤラデ練リ行ク人アリケリ。

袴垂コレヲ見テ，「哀レ，コレコソ我ニ衣得サセニ出来ル人ナメリ」ト思エケレバ，喜ビテ走リ懸カリテ，打チ臥セテ衣ヲ剥ガムト思フニ，…コノ人，「我ニ人コソ付キニタレ」ト思ヒタル気色モ無クテ，弥静ニ笛ヲ吹キテ行ケバ，…コノ人，大キナル家ノ有ル門ニ入リヌ。沓ヲ履キナガラ縁ノ上ニ上リヌレバ，「コハ家ノ主也ケリ」ト思フニ，入リテ即チ返リ出テ，袴垂ヲ召シテ，綿厚キ衣一ツヲ給ヒテ，「今ヨリカヤウノ要アラム時ハ，参リテ申セ。心モ知ラザラム人ニ取リ懸カリテ汝誤マタルナ」トゾ云ヒテ，内ニ入リニケリ。

ソノ後，コノ家ヲ思ヘバ，号ヲ摂津前司保昌ト云フ人ノ家也ケリ。…コノ保昌ハ家ヲ継ギタル兵ニモ非ズ。…シカルニツユ家ノ兵ニモ劣ラズトシテ，心太ク，手効キ，強力ニシテ，思量ノ有ル事モ微妙ナレバ，公モコノ人ヲ兵ノ道ニ仕ハルルニ，聊モ心モト無キ事無カリキ。シカルニ世ニ靡キテコノ人ヲ恐ジ迷フ事限リ無シ。但シ子孫ノ無キヲ，家ニ非ヌ故ニヤト，人ノ云ヒケル，トナム語リ伝ヘタルトヤ。

史料Ｅ　『玉葉』治承四（1180）年九月三日条

【本文】

三日，壬子，陰晴不定，申刻以後雨下，…伝え聞く，熊野権別当湛増謀叛，焼払其弟湛覚城，及所領之人家数千宇，鹿瀬以南併掠領了，行明同意云々，此事去月中旬比事云々，又伝聞，謀叛賊義朝子，年来在配所伊豆国，而近日事凶悪，去比凌礫新司之先使，時忠卿知行之国也，凡伊豆駿河両国押領了，又為義息，一両年来住熊野辺，而去五月乱逆之刻，赴坂東方，了与力，彼義朝子，大略企謀叛哥歟，宛如将門云々，

【読み下し文】

三日壬子(みずのえね)，陰晴(いんせい)定まらず。申の刻以後，雨下(ふ)る。…伝え聞く，熊野権別当(ごんのべっとう)湛増(たんぞう)，謀叛(むほん)し，其の弟湛覚(たんかく)の城，及び所領の人家数千宇(う)を焼き払い，鹿瀬(ししがせ)以南をあわせて掠領(りょうりょう)し了(おわ)んぬ。行明(ぎょうめい)同意すと云々(うんぬん)。この事，去る月中旬比の事と云々。又伝え聞く，謀叛(むほん)の賊(ぞく)義朝の子，年来，配所伊豆国に在り。而るを近日凶悪を事とし，去る比，新司の先使を凌礫(りょうれき)し，時忠卿知行の国也。凡そ伊豆・駿河，両国を押領(おうりょう)し了んぬ。又為義の息(そく)，一両年熊野の辺に来住す。而(しか)るを去る五月の乱逆の刻，坂東(ばんどう)方に赴(おもむ)き了り，彼の義朝の子に与力(よりき)す。大略謀叛を企つるか。宛たかも将門の如しと云々。

【語釈】

＊申の刻…午後四時頃
＊宇…家屋を数える際の単位。軒。
＊鹿瀬…紀伊国日高郡の峠の名。
＊掠領…占領する。
＊義朝…源義朝。平治の乱に敗れ殺害された。
＊配所…流罪により配流された地。
＊新司の先使…新任国司の先遣隊。
＊凌礫…暴行する。
＊時忠卿…平時忠。
＊坂東方…関東地方。

【現代語訳】

三日，晴れ時々曇り。午後四時過ぎから雨になった。…伝えられたところに

よると，熊野権別当の湛増が謀反を起こし，その弟の湛覚の城や，領地内の民家数千軒を焼き払い，鹿瀬峠より南を占領したらしい。これに行明房も同調したようだ。これは先月の中旬頃のことだという。また，別のルートから伝えられたところによると，かつて謀叛を起こした賊・源義朝の子が，長年，配流先の伊豆国にいたところ，最近，凶悪な振る舞いをしており，先日は新任国司の先遣隊に暴行を加えたということだ。伊豆国は平時忠卿が知行している国である。そしておおよそ伊豆・駿河の両国を占領してしまったとのことだ。また，源為義の子が，ここ一，二年熊野のあたりに移住し，去る五月の乱逆の時，関東地方に行き，かの義朝の子に協力したとのことだ。おおよそ謀叛を企てたと言えるだろうか。これはあたかも将門のようだ。

【解説】

この史料は，平安時代末期から鎌倉時代初めにかけて活躍した九条（藤原）兼実の日記『玉葉』の一節で，源頼朝が伊豆国で平氏打倒をめざして挙兵したとの知らせを受けて記された記事である。

この史料を読んで，平将門の乱が後世の貴族にどのように受け止められていたかを考えてみよう。

【注】

1)　文部科学省『高等学校学習指導要領　地理歴史編』（平成30（2018）年告示），文部科学省『高等学校学習指導要領　解説　地理歴史編』（平成30（2018）年，文部科学省）
2)　「史料」と「資料」の用字については，研究者による様々な見解・立場があろうが，本章では，本書の性格をふまえ，原則として「史料」の文字を用いる。但し，学習指導要領では「資料」の字を用いていることから，それを引用・参照する場合には，「資料」の字を用いる場合もあることをお断りしておく。
3)　拙稿「日本中世の武士をめぐる高校生の歴史認識」（『早稲田大学大学院教育学研究科紀要』33，2023年）
4)　文部科学省『高等学校学習指導要領　解説　地理歴史編』198頁
5)　知識構成型ジグソー法については，近年様々な解説や実践例の報告がなされており，インターネット上にも紹介の動画が数多く挙がっている。筆者が知り得た限りで比較的しっかりとした解説としては，白水始・飯窪真也・齋藤萌木・三宅なほみ『協調学習 授業デザインハンドブック―「知識構成型ジグソー法」の授業づくり― 第３版』（東京大学高大接続研究開発センター高大連携推進部門，2019年）が，インターネット上からもダウンロードできる形で公開されている。

6) 『協調学習 授業デザインハンドブック 第３版』（前掲注５）31～32頁

7) イエと呼ばれる親族集団がウジに代わって登場してくるのは11～12世紀頃とされるので，ここで「家系」という用語を使うのはあまり適切ではないかも知れない。ただ，ここで述べる紀・小野・坂上氏が代々，衛府の武官を継承していったことも確かなので，ここではウジの要素を残した萌芽的なイエが成立しかけていたと捉えておきたい。

8) 『日本後紀』弘仁８年７月５日条

9) 『日本三代実録』仁和３年５月20日条

10) 『日本紀略』天慶３年３月９日条

11) 『尊卑分脈』によれば，藤原範基は藤原南家貞嗣流で，治暦２年（1066）８月25日卒，和泉・大和・紀伊で権守を務め，蔵人であったことが確認できる。

12) 『日本紀略』安和２年３月25日条,『中右記』永久元年（天永４年）４月30日条（但し，『増補史料大成 中右記』（臨川書店）では，永久元年４月条は全巻の末尾の「脱漏追加」に収められている）

13) 文部科学省『高等学校学習指導要領 地理歴史編』（平成30年告示）では，「歴史総合」の冒頭で「歴史の特質と資料」について学ぶことになっており，現行の教科書でもそれに対応した内容構成となっている。

【参考文献】

髙橋昌明『武士の日本史』（岩波新書，2018年）
髙橋昌明・山本幸司『武士とは何だろうか』（朝日新聞出版，1994年）
下向井龍彦『武士の成長と院政』（講談社学術文庫，原典2001年）
福島正樹『院政と武士の登場』（吉川弘文館，2009年）

第4章

授業実践例②　鎌倉幕府の成立
――頼朝の「征夷大将軍」任官に注目して――

丸山　航平

は じ め に

12世紀末，源頼朝を首班として鎌倉に成立した武家の組織，いわゆる「鎌倉幕府」成立の契機をどの時期に求めるかというテーマについては膨大な研究史が存在しており，一般においてもしばしば歴史上の重要な問題として注目されている。

このテーマの本質は，「鎌倉幕府」は研究上の用語であり，究極的には史料に基づいて何年に成立したか確定することは不可能であるという点にある。それゆえ鎌倉幕府の成立時期を論じることは，論者の鎌倉幕府観を問うこととイコールであるといえよう。現在は，頼朝が挙兵し鎌倉に入った治承４（1180）年から建久３（1192）年までの期間に，おおよそ６つの画期とされるできごとが挙げられているほか，近年では治承寿永の内乱の中で，軍事政権として段階的に幕府の制度が確立したことを重視する川合康氏の説[1)]なども登場している。

こうした様々な説の中で，研究者や教育者の理解と生徒たちの認識がもっともかけ離れているのが，頼朝の征夷大将軍任官を幕府成立の契機とする建久3（1192）年説であろう。この説は，幕府は漢語で将軍の居所を指す言葉であるから，「将軍」がいなければ幕府と呼ぶことはできない。つまり鎌倉幕府は征夷大将軍と不可分であるという理解が前提になっている。しかし上述の通り，当時は「鎌倉幕府」という呼称は存在せず[2)]，こうした理解は不適切である。にもかかわらず，今日においても「1192（イイクニ）つくろう」という語呂合わせとともに，多くの生徒たちがこの説を支持している現状がある。

こうした「イイクニ史観」ともいうべき状況の克服をめざして，教育の現場では様々な授業実践が行われている[3)]。それらの実践は，形式は多様であるが，鎌倉幕府の成立時期には多くの説があること，それぞれの説をとったとき鎌倉幕府をどのように解釈できるかという問題を意識した授業になっており，生徒たちの歴史認識と，研究や教育の成果のギャップを埋めようとする意図が感じられる。

ところで，実践例の多くでは上述した治承4（1180）年にはじまり，東国の行政権を得たとされる寿永2（1183）年，守護・地頭を全国に置いたとされる文治元（1185）年，初めて上洛し右近衛大将に任官した建久元（1190）年などが授業内で生徒たちに選択肢として提示されているが，こうした授業展開に問題はなかっただろうか。例えば文治元（1185）年説だけをとってみても，翌年以降，兵糧米徴収の権利が撤回されており，またこの年に設置が認められたのは国単位で設置される「国地頭」だったのではないかという石母田正の説[4)]も提示され，「文治元（1185）年，全国に守護・地頭の設置が認められた」という理解はもはや成立し得ない。生徒たちにこうした前提をきちんと理解させようとすれば膨大な時間を要し，その上で6つほどある他の候補を全て検討させることは，逆にどの説についても十分な理解を得られないままで終わってしまう可能性を孕んでいるのではないだろうか。

そこで今回は，上記のような問題意識のもと，「頼朝の征夷大将軍任官」という1192年のイベントに焦点をあてた授業プランを提案する。従来研究者・教育者はこのできごとについて，他の幕府成立時期に関する学説と比べて実態のないものとしてその意義を低く見積もってきたように思う。そうした評価自体は否定されるべきではないが，一方で生徒たちにはこのできごとが重要であるという歴史認識があり，これと研究者・教育者の間のギャップをいかに埋めるかという問題について，生徒側の問題意識から出発して再考させるというのが，本章の目的である。

1．頼朝の征夷大将軍任官に関する研究史

(1)　教科書記述における鎌倉幕府成立期の変遷

まず前提として，頼朝の征夷大将軍任官と鎌倉幕府成立の問題は，歴史教育の中ではどのように教えられてきたのだろうか。一般においては「昔は1192（イイクニ）つくろうとされていたが，近年は1185（イイハコ）年と教えられている[5)]」というような理解もしばしばみられるようである。この問題について，高橋秀樹氏は1872年に文部省が発行した最初の教科書『史略』まで遡って記述の変遷を検討している[6)]。氏の指摘によれば，明治10年代ころまでは，頼朝の守護・地頭設置の権利や，「総追捕使」任官を権力確立の契機としており，「征夷大将軍」の語は重視されていなかったという。はじめて「鎌倉幕府」の用語を使用したのは明治20年代の『小学校用日本歴史』（1888）であり，その後の『帝国小史』（1892）で征夷大将軍任命と鎌倉幕府成立が明確に結び付けられ，20世紀初頭までにこの理解が定着したと整理している。ではなぜ1890年代に入って，こうした記述が生まれたのだろうか。

髙橋昌明氏は明治10年代までの史論においては「鎌倉政府」などの「政府」の語が使用されていたことを指摘しており[7)]，これが「幕府」の語に置き換えられたきっかけとして，帝国大学文科大学の国史科で教科書として使用された『稿本国史眼』[8)]に注目している。本書は同大学の教授である重野安繹・久米邦武・星野恒によって官選日本通史として編纂されたものであるが，その記述には

頼朝此職（筆者注：征夷大将軍）ニ補シ，関東十国ヲ管領シ，天下追捕ノ権ヲ掌ル，……（中略）後世ニ至ルマデ至重ノ朝典タリ，頼朝乃幕府ヲ鎌倉ニ剏メ，公文所ヲ改テ政所トナシ，大江広元ヲ別当，藤原行政ヲ令トナス

とあり，頼朝が征夷大将軍に補任されたことにより幕府をひらいたという記述になっていることがわかる。本書は明治23(1890)年に刊行されたとあるから，まさにその２年後に発行された，『帝国小史』の記述に影響を与えていた可能性は高いと考えられるだろう。

高橋氏は，こうした戦前の鎌倉幕府成立史の変遷に加え，現行の教科書記述（平成30年度使用のもの）について検討している。そして，高校「日本史Ｂ」に限定して要約すると，半数以上の教科書は，「名実ともに」という文言で頼朝の征夷大将軍任官と鎌倉幕府の成立を結びつけて記しているという。山川出版社の『新日本史　改訂版』『詳説日本史　改訂版』のみが1185年に結びつける形で「鎌倉幕府の確立」を示すが，全体としては1192年説を前提としつつも，幕府成立は段階的なものであり，諸説あることを示すのが主流であると論じている。

では，今回とりあげる「日本史探究」の教科書にはどのような変化があっただろうか。2022年検定済の教科書の中から，いくつかの例を取り上げたい。

まず『詳説日本史』（山川出版社）についてみると，文治元（1185）年の守護・地頭設置を契機にして「武家政権としての鎌倉幕府が確立した」とある。その後右近衛大将・征夷大将軍に任官され，「こうして鎌倉幕府が成立してから滅亡するまでの時代を鎌倉時代と呼んでいる」として「確立」「成立」を分けており，「日本史Ｂ」時代の記述から変化はない。

次に『日本史探究』（東京書籍）では，「頼朝が征夷大将軍に任じられると，これ以後，この職は江戸時代の末にいたるまで長く武士の長の指標となり，ここにのちの武家政権に引きつがれる幕府が成立した」とあり，「日本史Ｂ」時代のものと比べ「鎌倉幕府」の語が「幕府」となり，「名実ともに」という表

現が消滅した。室町幕府・江戸幕府とのつながりを重視し，一方で「征夷大将軍」と「鎌倉幕府」を直接結び付けないような記述になったといえよう。またコラムには鎌倉幕府の成立時期とその根拠が複数挙げられているが，1191年を成立年とする説が加えられている。『高等学校　日本史探究』（清水書院）も同様に「1192年には征夷大将軍に任じられ，この職は，こののち武家政権（幕府）の長の象徴となった」と記述されており，また「こうして鎌倉幕府は段階をふんで成立した」という文章でコラムに繋いで，やはり「名実ともに」という表現は失われている。

最後に『日本史探究』（実教出版）の記述をみると，右近衛大将任官に続いて「また，1192年，後白河法皇の死後に征夷大将軍に任命された」とあり，改行して「鎌倉幕府を創設した頼朝は」という記述が続いている。コラムには鎌倉幕府の成立説が5つ挙げられている。その中で1192年の意義についてはフォローされているが，教科書本文だけをみると征夷大将軍任官の意味は何も説明されていない。

このように，「日本史Ｂ」の教科書では征夷大将軍任官により「名実ともに」鎌倉幕府が成立した，という表現が多くみられていたが，「日本史探究」ではより踏み込んで，両者を切り離した記述が増えたといえる。一方で後述する「征夷大将軍」という称号そのものに対する研究成果は反映されておらず，「諸説ある」ことを強調することによって，生徒を「イイクニ史観」から脱却させるのが主流の方針となっていると考えることができるのではないだろうか。

(2)　研究史における従来の論点

ここまで歴史教育の中で頼朝の征夷大将軍任官がどのように扱われてきたかをみてきた。これをふまえて，研究史上ではこの問題がどのように位置づけられてきたか確認していきたい。

最も古典的な理解は，史料3『吾妻鏡』の記事にみえる「将軍事，本自雖被懸御意，于今不令達之給，而法皇崩御之後，朝政初度，殊有沙汰被任」という一文に基づいて，「頼朝は以前から征夷大将軍の地位を望んでいた」という理解であろう。例えば喜田貞吉は「もはや征夷の必要はなくなつて居るとは云へ，それが自己多年の宿望でもあり，又次に京都を離れて，遠く関東に存在する軍政府の長官として，最も適当な名目である[9]」からこの地位を望んだのだと説明しており，こうした理解は大正時代にはすでに存在していたと考えられる。

また上記史料3後半は，後白河が頼朝の征夷大将軍任官を妨げていたと解釈できるような文章になっている。『国史大辞典』によると，頼朝は源義仲討伐後すぐにこの職を望むようになったが，「しかし後白河法皇は頼朝の希望を抑え，実際に頼朝がこの職に任ぜられたのは，法皇没後の建久三年（一一九二）七月である」[10]として，後白河が任官を妨げていたという記述になっている。

下村周太郎氏は，上記のような征夷大将軍任官が頼朝の宿願であったという理解を前提としたとき,「いつから任官を望んでいたか」「なぜ任官を望んだか」の2つが大きな論点となっていたことを指摘している[11]。氏の詳細な整理によれば，まず「いつから任官を望んでいたか」については，

① 義仲追討をきっかけに望むようになったとする寿永3（1184）年

② 奥州藤原氏征討という「征夷」に際して要求するようになったとする文治5（1189）年

③ 奥州藤原氏の「征夷」を達成し，上洛して後白河に謁見した際に求めたとする建久元（1190）年

の3つの説が存在することが挙げられている。次に「なぜ任官を望んだか」という問題については，

① 武家の棟梁にふさわしい官職だから

② 奥州藤原氏という蝦夷の討伐にふさわしい官職だから

③ 非常時に天皇から軍事権を移譲され，現地では独自の軍令権を行使できるという，相対的に独立した立場が幕府という組織のあり方と合致するから

④ 鎮守府将軍源頼義の伝統を継承し，当時の鎮守府将軍である奥州藤原氏を超える高次の権威として征夷大将軍の地位を望んだ

といった説が存在することを挙げられている。上記の説をみてもわかるように，

「征夷大将軍」という官職の意義については，「征夷」の二字がなにゆえ入るのかという問題について，多くの研究者が苦心していることがうかがえよう。

しかしながら，こうした論点はすでに述べた通り頼朝が征夷大将軍を望んでいたという理解が前提にある。これに対して，頼朝期において征夷大将軍という官職にはそれほどの意味があったわけではないという指摘や，頼朝はそもそもこの官職を望んでいたのかという疑問を提起した研究も存在している。

前者の代表的なものとしては，石井良助が論じた頼朝の征夷大将軍辞職に関する説を挙げることができよう[12)]。石井は幕府の政所下文の形式の沿革について検討する中で，頼朝が「征夷大将軍に任じられて以来，常に将軍家政所下文を出していたのに，建久五年のころに至って，これをやめて前右大将家政所下文に改めたのはいかなる理由によったものであろうか」として，これを頼朝が征夷大将軍を辞職したからであると解釈した。石井は「武家の棟梁たる地位と将軍職とは分離して観念すべき」として，頼朝段階においてはあくまで夷狄（奥州藤原氏）討伐に関わる臨時の職と考えられていたとしている。

これに対して，杉橋隆夫氏は頼朝が征夷大将軍辞職の上表を３度まで提出したが，３度目の上表を提出しなかったことに注目し，頼朝は２度目までの上表が慰留される朝廷の慣例を利用して，征夷大将軍の職にとどまっていたと解釈している[13)]。征夷大将軍辞職説については否定的な議論が存在していることにも注意すべきであろう。

後者の論点については，義仲滅亡直後に頼朝が征夷大将軍を希望する動機はなく，奥州征討において頼朝はこの職への就任を放棄しており，建久３（1192）年段階においては頼朝にとって意味のある官職ではなかったという藤本元啓氏の指摘がある[14)]。氏によれば征夷大将軍職はむしろ朝廷を主導した九条兼実の好意の表現であり，朝廷の側から頼朝に与えられたものであったという。こうした史料３の記述のみに依存することへの問題は他の研究者からもしばしば指摘されていたが[15)]，その後目立って検討されることはほとんどなかった。

(3) 「三槐荒涼抜書要」とその影響

こうした征夷大将軍任官に関する諸説に対して大きな見直しを迫ることになったのが，2004年に櫻井陽子氏によって紹介された「三槐荒涼抜書要」であろう[16)]。本史料（以下史料1を参照）は中山忠親の日記『山槐記』[17)]および藤原資季『荒涼記』の記事を抜粋したもので，奥書によれば室町期の公卿三条西実隆が書写したものを，江戸時代の公卿三条実治がさらに書き写したものであるという。本史料は除目や昇進，節会など朝廷の諸事に関する先例を両記録から抜書したものであるが，そのうちの『山槐記』の記事に，頼朝の征夷大将軍任官に関する記事が載せられている。そこで，前述の研究史をふまえて，この史料の注目すべき点として

① 義仲は「征夷大将軍」ではなく「征東大将軍」であった

② 頼朝が望んだのは「大将軍」の職であって，「征夷大将軍」は「征東大将軍」「惣官」「上将軍」などの候補とともに朝廷が検討した結果採用されたものであった

という2点を挙げることができる。

まず①について，『玉葉』の記述[18)]から義仲が任じられた官職は「征東大将軍」であったという指摘はかなり古くから存在している[19)]にもかかわらず，『吾妻鏡』『百錬抄』[20)]などの記述から，義仲が征夷大将軍に任じられていたという説が一般的な理解とされてきた。しかし本史料には明確に「義仲征東」の記述がみえており，『吾妻鏡』の記述は誤りであったことがわかる。

次に②について，櫻井氏が「頼朝は必ずしも『征夷大将軍』という名称には固執してなかったようである」と指摘するように，頼朝が求めたのはあくまで「大将軍」であった。「征夷」としたのは朝廷に「大将軍」という官職が存在せず，先例を勘案したところ坂上田村麻呂の「征夷大将軍」が吉例であったという，朝廷側の事情に基づくものであった。この事実は「征夷」を頼朝の奥州征討という事業や，東国政権という幕府の性格と結びつけて論じた説を全て否定するものであり，既存の多くの研究に対して重大な影響を及ぼすものであった

といえよう。

ただし，頼朝は「征夷」にこだわらなかったとはいえ「大将軍」の称号を朝廷に求めており，頼朝が朝廷から官職を与えられることを望んでいなかったというような理解もまた成立しないということに注意しなければならない。「征夷大将軍」ではなく「大将軍」ではあるが，なぜ任官を頼朝が望んだのか，という問題設定は依然として重要な意味をもっているのである。

しかしながら，この櫻井氏による史料の紹介をふまえて，頼朝の求めた「大将軍」について本格的に論じた研究は未だ盛んであるとはいえない。例えば杉橋隆夫氏はこの史料の存在をふまえつつも，実際には頼朝は征夷大将軍職を要求しており，朝廷はそれに理由を付けただけに過ぎないと論じている[21)]。

この「大将軍」の問題について，当時の武士社会の実相との関係に注目して検討した近年の研究として，下村周太郎氏の論を挙げることができよう[22)]。下村氏は史料４にみえるように，当時は鎮守府将軍をはじめとした「将軍」の系譜を引く権威的存在が頼朝の他にも複数存在していたことを指摘している。その中で頼朝の「大将軍」号要求は「頼朝という唯一の『大将軍』が武士社会を統合する『大将軍の平和』体制を構築するための施策だった」として，「大」将軍となることの意味が検討されているのである。

すでにみてきた通り，頼朝の征夷大将軍任官については「三槐荒涼抜書要」の紹介を画期として，「大将軍」という語をどのように解釈するか，またそれを頼朝がなぜ望んだのかという問題が重要な論点であるといえよう。上記史料が紹介されてからすでに20年近くが経過しているが，歴史教育においてもこうした研究成果の導入を考える段階にきているということができるのではないだろうか。

2．授業モデルとその実践

(1) 単元構成と授業の前提

本授業モデルは，50分の授業を２コマ，計100分の授業として実施することを想定している。筆者がこれまで勤務した学校では，週の授業のうち１日は２時間連続で日本史の授業が設定されているところが多く，その時間を本授業のようなグループ活動にあてることができた。そうした時間がなく日をまたがなければいけない場合もあると思われるが，これも導入部を簡略化するなどの工夫をすれば問題なく実施できると思われる。

また実施にあたっては，講義やその他の形式の授業を通じて，鎌倉幕府成立までの過程および幕府の支配機構について，教科書レベルの知識を生徒が学習していることが前提となる。上記に基づいて単元構成を例示すると，

- 第１時　治承・寿永の内乱と鎌倉幕府の成立
- 第２時　鎌倉幕府の支配機構と朝廷との関係
- 第３～４時　鎌倉幕府の成立―頼朝と「征夷大将軍」―（本節で解説）

といった計４時間の構成を想定できる。『詳説日本史』（山川出版社）[23]を例にとると，第１時～第２時までの範囲は４頁（90-93頁）を割いており，授業範囲についてそれほど無理はないと思われる。本授業は，頼朝の征夷大将軍任官に焦点を当てたところに特色があるが，それゆえ前章で述べたような幕府成立の契機に関する他の説について第１時～第２時で学習することを前提としており，その指導については授業者ごとに独自の工夫をされたい。

最後に，本授業モデルについては筆者の勤務校での実践があり，その結果と反省については後述しているが，担当クラスの都合により，科目としては日本史Ｂの授業内で実践したものであることをご了承いただきたい。

(2)　授業のねらい

本授業では，幕府成立期（頼朝の挙兵した治承4（1180）年から征夷大将軍に任官した建久3（1192）年）に注目し，『吾妻鏡』や『玉葉』などの史料から当時の「征夷大将軍」観がわかるような史料を取り上げる。またそれらの史料読解を通じて，この官職に任じられることが頼朝にとってどのような意味をもつのか，またこれに任じた貴族たちはどのような意識をもっていたのかという問題について考察させる。またそれぞれの史料の特徴や，登場する人物の立場などについて学習し，考察のたすけとする。

こうした問題を考えるキーワードとして，前述した『山槐記』の「大将軍」「将軍」の語に注目させ，最低限の目標として，「そもそも頼朝が望んだのは『大将軍』であった（征夷大将軍ではなかった)」という理解を得ることを目指す。また可能であれば，上記の検討を通じて鎌倉幕府の成立を1192年とみなす考え方にはどのような問題があると考えられるか，ひいては鎌倉幕府という組織が中世社会においてどのような役割を果たしたのかといった問題についても考えさせたい。

(3)　指導過程

①　グループ活動の準備（15分）

出欠確認，グループ作成，生徒の移動，プリントの配布など活動の準備を行う。グループ作成についてはインターネット環境やプロジェクターの用意がある教室であれば，第一学習社のグループ分けツール[24)]を使用した。あるいはMicrosoft Excelなどで自動的にグループを割り振るプログラムを自作しておいてもよいと思われる。グループは4人班を基準として，最大でも5人を超えないように設定する。プリントについては提出用ワークシートを1枚，史料1～史料4を各1枚配布する。また近年はICTの導入を進めて，全生徒が端末を持っている学校も増えている。そうした環境では，ワークシートのデータをクラウド上で共有して，同じグループの生徒がファイルを同時に編集するといった活用も考えられる。そうでなければ，班の意見を集約してワークシートに記入する書記担当者を持ち回りで決めさせている。

図４－１　ワークシート

日本史Ｂ

鎌倉幕府の成立―頼朝と「征夷大将軍」

解説

鎌倉幕府の成立については、これまで多くの人が 1192（いいくに）つくろうという語呂合わせで覚えてきたのではないだろうか。しかしながら、近年は幕府とはそもそもどういう組織なのか？という問題をめぐって、鎌倉幕府の成立年をいつに設定するかという議論が様々に存在していることは、これまでの授業で見たとおりである。

授業では、1192 にかわる成立年として守護・地頭の設置された 1185（イイハコ）年を強調する説を紹介したが、しかしながら、戦後の研究を通じて、1185 を成立年とする説にも様々な疑問が呈されている。

征夷大将軍という頼朝が得た官職は、その後の室町幕府・江戸幕府においてもトップに立つものの地位として重要な意味合いをもっている。今回は、この征夷大将軍という地位が本来はどのような意味を持つものであったのかという問題について、幕府の編纂した歴史書『吾妻鏡』や、同時期の貴族たちの日記をもとに考えてみよう。

課題

各班で教科書・図表などを参考に【史料編】①～④を読んで、

Ⅰ「征夷大将軍」に任じられることは、頼朝にとってどのような意味があったと考えられるか。その官職にどのような意味があるかということに注意しながら史料をもとに考察せよ。

Ⅱ朝廷の貴族たちにとって、頼朝を「征夷大将軍」に任じることにはどのような意味があったか、『玉葉』『山槐記』など貴族たちの記録した史料に注目して、どのような可能性が考えられるか考察せよ。

班番号＿＿＿＿

クラス　　番号　　氏名　　（書記担当）

クラス　　番号　　氏名

クラス　　番号　　氏名

クラス　　番号　　氏名

クラス　　番号　　氏名

Ⅰ

Ⅱ

※ワークシートについて

ワークシートはグループ全員の意見を１枚にまとめるもので，授業のおわりにそれを回収する。右側の記入欄に行線などを入れていないのは，生徒が図や表を書いて意見を示したりすることがあったため，このように自由に記入できるようにしている。

② インストラクションの確認（15分）

ワークシートのインストラクションの文章を読み上げ，本時の活動内容と目標を確認する。ワークシートはグループに１枚だけ配布しているので，プロジェクターにインストラクションの文章を表示して，クラス全員が確認できるようにするなど工夫をしている。また，配布した各史料について，それまでの授業で説明をしなかったものについては，いつ成立したものか，古記録であれば記主がどのような立場の人物であったかというような基本的な情報については説明している。

③ 作業前半（20分），休み時間，作業後半（45分），プリント回収など（５分）

様子をみながら机間巡視をしていくが，基本的には生徒同士が協力することを重視し，質問には答えず，グループ内で解決するように促したり，自分たちで調べたりするように指示をする。ただし，史料中の難解な語句や，現代語訳の解釈が難しい箇所については，必要に応じて補足を加えている。

(4)　授業のふりかえりについて

ふりかえりにあたっては，生徒から回収したワークシートをメンバーの人数分コピーしておき，次回授業で返却する。また，インターネットなどで共有できる場合は，全グループのワークシートをスキャンしたデータを配布し，他の班がどのような意見を述べたか，後から確認できるようにしている。

返却した回の授業では，課題の問いについてそれぞれ２～３グループに発表させ，答えを共有する。この際，なぜそのような答えになったのか，史料中で特に注目した箇所を明確に説明させ，十分に答えられなければ他のグループに質問したり，教師から補足説明をしたりする。

(5)　実践報告

まず，ワークシートの課題①について。きちんと取り組んでいるグループはおおむね「頼朝は『大将軍』という地位が欲しかっただけで『征夷大将軍』を望んでいたわけではない」「『征夷』は，ただ縁起が良いからという理由に過ぎないことが『山槐記』から分かる」という答えを導き出せていた。ではなぜ「大将軍」という地位を欲したのか，という問題については，まず史料２の記述から「頼朝は元罪人であるため，天皇に忠義を示しておきたかった」というような，朝廷・天皇との関係のためにこの地位を望んだという理解がみられた。また別のグループでは，史料4の記述から「征夷大将軍になり，武士たちの信頼と尊敬を集めることで全国の御家人の支配を目指していたから」というような，武家社会における重要な地位としてこの官職を求めたという理解もみられた。また頼朝が大納言任官を断ろうとしていたという史料2の記述から，征夷大将軍が朝廷の他の官職と比較して「比較的自由な役職」であることが東国で活動するために必要であったからだと考察したグループもあった。実際に「比較的自由」であったかは議論の余地があるが，頼朝が朝廷の一員でありながら，東国で活動できたことへの理由付けをしようとした点は評価できよう。

課題②については，記述はグループによって様々であった。いくつか代表的なものを挙げると「強大な武力を持つ頼朝を朝廷のコントロール下に置きたかった」「頼朝の名を通じて民衆や武士たちを朝廷の支配下におくため」「貴族たちにとっても後白河法皇の権力は邪魔であり，頼朝に院権力を防いでもらいたかった」というような，貴族側からの頼朝の利用価値について考察されていた。明確な答えがない分，生徒の征夷大将軍（もしくは鎌倉幕府）観が直接的に現れているとみることもできよう。ただし，課題①のように，史料編のどの箇所からそういったことが言えるのか，明示して説明できているグループは少なかった。また，講義で頼朝と九条兼実の関係について少し触れていたので，それをふまえて「頼朝は朝廷からのお墨つきがほしい，兼実は武士の軍事力が欲しい」というように，朝廷内でも特に兼実の意向があったという理解を示していたグループもみられた。

上記のように，提示した史料について目論見通りの理解を示せたグループは多かったが，いくつかの班では従来の議論に引っ張られるような形で，蝦夷討伐のための官職という性格を重視した答えもみられた。こうした点については，前述した授業のふりかえりの作業を丁寧に行うことでフォローすることが望ましいだろう。

(6) 授業の改善案

ワークシートについては，プリントのインストラクションの文章などに「大将軍」「将軍」といった今回活用する史料で注目するべき語句が示唆されている必要があったと感じた。プリントのタイトルも「征夷大将軍」を強調するものになっており，生徒のミスリードを誘うものであったように思われる。生徒のレベルを勘案しながら,「『征夷大将軍』という言葉の,どの部分が頼朝にとって重要であったと考えられるか」といった問いや，これはやや課題を陳腐化させる恐れがあるが,「そもそも頼朝は征夷大将軍の位を欲していたのだろうか」といった問いが設定されてもよいだろう。

次に課題②については，用意した史料からは生徒が十分納得できるような答えを導き出すことが難しかったように思われ，改善の余地があるといえよう。今回課題②に設定した問いは課題①の中に組み込んでしまい，上述の「授業のねらい」に従って,「課題①で論じた内容をふまえて，鎌倉幕府が1192年に成立したという説には,どのような問題があると考えられるか論じなさい」といった問いや,「頼朝や彼を征夷大将軍に任じた貴族たちの意識をふまえて，鎌倉幕府という組織は，当時の社会の中でどのような役割を果たすことを期待されていたと考えられるか論じなさい」というような形で，史料を組み合わせて生徒が多様な意見を述べられる問いを設定するのがよかったのではないかと考えている。

提示した史料の反省点についてみていくと,まず史料３については,『吾妻鏡』の頼朝征夷大将軍任官について記した基本的な史料であるが，それゆえ今回の課題を検討するにあたってはあまり意味のあるものではなく，生徒からどこに注目すべきかわかりにくいという声が聞かれた。本史料の内容については前提となる講義の授業で説明して，頼朝は「将軍」の位を望んでいたが，後白河がいる間にはこれが叶わなかったと「理解されてきた」というような形で，課題の前提知識として学習させてしまってもよいだろう。

また史料１や史料４の文中に,「征東大将軍」「鎮守府将軍」という官職が登場する。藤原忠文や藤原秀郷がこの官職に任じられていたことは,「大将軍」「将軍」の地位が武士たちにとって重要な意味をもっていたことにつながっている。しかし生徒は「征東大将軍」「鎮守府将軍」という初見の語句をどのように理解すべきかかなり悩んでいたようである。特に藤原秀郷は教科書中にも登場する人物であるから,「武士の登場」に関する単元の授業の中で,天慶の乱を経て秀郷が鎮守府将軍の地位を得ていくことについて触れておくなど,「仕込み」をしておく必要があったと考えられる。特に史料4については生徒から「征夷大将軍の話とは関係がないように思える」「頼朝とは関係がない」というような疑問の声が聞かれた。上述の通り,「将軍」という語に注目させるしかけが単元の中に用意されている必要があったといえよう。

本授業についてはインストラクションを簡略化する,課題の②を削除して①のみ設定する,史料については史料3を省略するといった形で,50分1コマの授業内に収めたり,グループではなく個人で取り組む課題として提示したりすることも可能であると思われる。確保できる授業時間や教員それぞれの問題意識に応じてある程度の組み換えに耐えうるものを想定しており,採用する史料についてもより適当であると考えるものがあれば差し替えたり,不要と思われる文章を削ったりして生徒に提示してもよいだろう。

おわりに

本授業プランは,頼朝の征夷大将軍任官に関する近年の新出史料紹介とその活用を軸に,幕府成立について1180年〜1192年までのそれぞれの学説を議論させるような形式の授業が抱える問題点をふまえたものである。また,研究者や教員の努力にもかかわらず生徒たちが根強くもっている,「1192つくろう鎌倉幕府」に基づく「征夷大将軍」を重視する意識を逆手にとって,では「征夷大将軍」の何が頼朝にとって,朝廷にとって,そして武士たちにとって重要であったのかという問題を考えさせる授業として提起した。

本授業は建久3(1192)年の頼朝征夷大将軍任官という歴史上の一点に的を

絞った授業であり，50分2コマという年間の授業計画全体にかける負担に対して，学ぶ範囲は非常に限られたものとなっている。しかしながら今回紹介した史料の読解は，『吾妻鏡』『玉葉』のような代表的な史料が，研究の場でどのように活用されてきたのかということや，九条兼実や畠山重忠のような授業に登場する人物を具体的に知るきっかけになるだろう。このことは，その後の授業で生徒が時代をイメージし，学習を円滑に進めるための大きな手助けになるのではないかと考えている。

最後に，こうした授業プランを提示するにあたって受験勉強という問題に配慮する必要は一切ないと考えているが，本授業の目玉でもある史料1は，京都大学2015年入学試験の日本史に史料問題として採用されている[25)]ことを紹介しておきたい。教育の現場においては，受験勉強を最優先とする方針のもと，こうした授業実践が忌避されることも多いと思われるが，良質な受験問題は歴史研究の成果を鑑みて作成されており，こうした学習も全く無関係ではない。また，本授業プランの本質は生徒が自分で史料の読解に取り組むところにあるから，学校の風土やクラスの雰囲気がこうした学習の形式になじまないと考えられる場合には，グループでの活動にこだわらず，最適な学習方法を模索して実施していただければ幸いである。

史料編

史料1　『山槐記』建久三（1192）年七月九日条・同十二日条

【本文】

建久三七九，頭大蔵卿宗頼朝臣為関白使来曰，前右大将頼朝申改前大将之号，可被仰大将軍之由，仍被問例於大外記師直，大炊頭師尚朝臣之処，勘申旨如此，可賜何号哉者，予申云，惣官，征東大将軍，近例不快＜宗盛惣官，義仲征東＞，依田村麿例，征夷大将軍可宜歟者，大蔵卿同被問別当兼光之処，申云，上将軍，征夷将軍之間，可宜歟之由所申也，予曰，上将軍者漢家有此号，征夷大将軍者本朝有跡之由（ママ），上田村麿為吉例，強不可求異朝歟，同十二日，大蔵卿宗頼奉関白命伝送曰，大将軍号事，依田村麿例可称征夷，而天慶三年以忠文朝臣，被任征東大将軍之時，被載除目，養和・元暦両度為宣旨，両様之間，宣下之条殊以不快歟，今度可為除目歟，……（中略）去九日，有大将軍号沙汰，予申征夷大将軍宜之由，被用申旨歟，

　今夜被行小除目

　　征夷使大将軍源頼朝

【読み下し文】

建久三七九，頭大蔵卿宗頼朝臣関白の使いとして来たりて曰く，前右大将頼朝前大将之号を改め，大将軍と仰せらるべきの由を申す，仍て例を大外記師直，大炊頭（おおいのかみ）師尚朝臣に問はるるの処，勘申の旨此の如し，何号を賜うべきやとてえり，予申して云はく，惣官，征東大将軍，近例不快〈宗盛は惣官，義仲は征東〉，田村麿の例により，征夷大将軍宜しかるべきかとてえり，大蔵卿同じく別当兼光に問はるるの処，申して云はく，上将軍，征夷将軍の間，宜しかるべきかの由申す所也，予曰く，上将軍は漢家に此号あり，征夷大将軍は本朝に跡あるの由，上田村麿吉例たり，強（あなが）ちに異朝に求むべからざるか，

同十二日，大蔵卿宗頼関白の命を奉じて伝え送りて曰く，大将軍号の事，田村麿の例により征夷と称すべし，しかるに天慶三年忠文朝臣を以て征東大将軍に任ぜらるるの時，除目に載せらる，養和・元暦両度宣旨たり，両様の間，宣下の条殊（こと）に以て不快か，今度除目たるべきか，……（中略）去九日，大将軍号沙汰あり，予征夷大将軍宜しかるべきの由，申す旨用いらるか，

　今夜小除目行はる

　　征夷使大将軍源頼朝

【語釈】

＊外記（げき）…令制官職の一つ。太政官の少納言の下にあって，中務省の内記の作成した詔書を考勘し，太政官の奏文を勘造するのをはじめ，上卿の指揮のもとで朝儀・公事を奉行し，その記録にあたり，先例を調査上申し，さら

に人事関係の手続を分担処理した。

＊忠文朝臣…藤原忠文（873～947）。左馬頭・右近衛少将，諸国の守などを歴任し，天慶２（939）年参議となった。翌３年正月平将門の乱鎮定のため右衛門督に任じ，征東大将軍となり二月出発したが，平貞盛・藤原秀郷らによって乱は鎮定され，忠文は恩賞を受けられなかった。帰京後藤原純友の大宰府襲撃の報をうけて征西大将軍となり，翌月乱を鎮定した。

＊小除目…定まった春秋の除目のほかに臨時に行なわれた小規模の除目。臨時の除目。

【現代語訳】

建久三年七月九日，頭大蔵卿（藤原）宗頼朝臣が関白（九条兼実）の使いとして来て言うには，「（頼朝は）前右大将頼朝前大将の称号を改め，大将軍としていただきたいと申している。そこで先例を大外記（中原）師直，大炊頭（中原）師尚朝臣に問われたところ，勘申してきた内容は以下の通りである。どの号を賜うのがよいだろうか」とのことであった。私（中山忠親）は（勘申の内容を見て）「惣官，征東大将軍というのは，最近の例をみると平宗盛が惣官，（源）義仲が征東大将軍に任じられているが，これはよくなかった。（坂上）田村麻呂の例に従って，征夷大将軍とするのがよろしいのではないだろうか」と申し上げた。大蔵卿（宗頼）は同じ内容を別当（藤原）兼光にも問われたところ，（兼光が）申して言うには「上将軍，征夷将軍のどちらかがよろしいのではないでしょうか」とのことであった。私はそれに対して「上将軍というのは中国にこの号がある。征夷大将軍は本朝に先例があり，田村麻呂は吉例であった。無理に異朝の例による必要はないだろう」と申し上げた。

同十二日，大蔵卿宗頼が関白の下された命令を伝えて言うには，「大将軍号のことは，田村麻呂の例により征夷とするように。しかしながら天慶三年に（藤原）忠文朝臣が征東大将軍に任じられた時，除目の除書に名前を載せて任官させた。養和・元暦の両度は宣旨で任官させた。この２つの例をみると，宣下によって任じるのは不吉な例ではないか。今度も除目によるべきか」……（中略）

大将軍号については去る九日，意見を述べたが，私が征夷大将軍がよいのではないかと申したことが採用されたのであろうか。

今夜小除目が行われた。その内容は以下の通り。

征夷使大将軍源頼朝

【解説】

研究史における意義については本文を参照していただきたいが，冒頭部から頼朝自身が「大将軍」の称号を求めていたこと，義仲は「征東大将軍」であったこと，「征夷」は坂上田村麻呂が吉例であるとして，忠親ら貴族たちの意見により採用されたことなどが理解できればよいだろう。12日条では，天慶年間の藤原忠文の例を参照して，頼朝をどのような形式で任官するかということが議論されている。除目によるか，宣旨によるか，また中略した箇所では，除目であれば勅任とするか，奏任とするかといったことが諮問されており，忠親がこれについて答えている。結果として，頼朝の征夷大将軍任官は小除目で行われ，勅任とされたが，その除書が鎌倉に到来したというのが史料③の記事であろう。

最後に，除書では「征夷使大将軍」という記述になっており，それをどのように解釈するかという点について生徒が注目できるようなしくみが授業に組み込まれていると，なおよいのではないだろうか。

史料 2　『玉葉』建久元（1190）年十一月九日条

【本文】

九日，〈己未〉，晴，……（中略）入夜参内，今夜，「頼朝卿参内事」頼朝卿初参，先参院，其後参内，於昼御座有召，西簀給円座一枚，余候長押上，用陪膳円座，小時起座，於鬼間，与頼朝卿謁談，此夜被行小除目，頼朝被任大納言也，雖辞推而任之云々，謁頼朝卿，所示之事等，依八幡御託宣，一向奉帰君事，可守百王云々，是指帝王也，仍当今御事，無双可奉仰之，然而，当時法皇執天下政行，仍先奉帰法皇也，天子ハ如春宮也，法皇御万歳之後，又可奉帰主上，当時モ全非疎略云々，又下官辺事，外相雖表疎遠之由，其実全無疎簡，深有存旨，依恐射山之聞，故示疎略之趣也云々，又天下遂可直立，当今幼年，御尊下又余算猶遥，頼朝又有運ハ，政何不反淳素哉，当時ハ偏奉任法皇之間，万事不可叶云々，所示之旨，太甚深也，

又云，義朝逆罪，是依恐王命也，依逆雖亡其身，彼忠又不空，仍頼朝已為朝大将軍也云々，

【読み下し文】

九日，〈己未〉，晴れ，……（中略）夜に入り参内す，今夜，「頼朝卿参内事」頼朝卿初めて参る，先ず院に参る，其の後参内，昼御座（ひのおまし）において召しあり，西簀に円座（わろうだ）一枚を給う，余長押の上に候ず，陪膳円座を用いる，小時起座，鬼間（おにのま）において，頼朝卿と謁談す，此夜小除目行はる，頼朝大納言に任ぜらるなり，辞すといえども推して之に任ずと云々，

頼朝卿に謁す，示す所の事等，八幡御託宣により，一向君事に帰し奉り，百王を守るべしと云々，是帝王を指すなり，よって当今の御事，双なくこれを仰ぎ奉るべし，しかれども，当時法皇天下の政行を執り行う，仍て先ず法皇に帰し奉るなり，天子は春宮（とうぐう）の如くなり，法皇御万歳の後，また主上に帰し奉るべし，当時も全く疎略に非ずと云々，又下官辺の事，外相は疎遠の由を表すといえども，その実全く疎簡なく，深く存ず旨あり，射山の聞こえを恐るるにより，故に疎略の趣を示すなりと云々，また天下遂に立ち直るべし，当今幼年，御尊下また余算猶（なお）遥か，頼朝また運あらば，政何ぞ淳素にかえらざるや，当時はひとえに法皇に任せ奉るの間，万事叶うべからずと云々，示す所の旨，太だ甚深なり，

また云はく，義朝逆罪，是王命を恐るるによるなり，逆によりその身を亡ぼすといえども，彼の忠また空しからず，仍て頼朝已に朝の大将軍たるなりと云々，

【語釈】

＊昼御座（ひのおまし）…天皇が日中に出御する平敷の御座。清涼殿の東廂に畳二枚を敷き，

上に茵（しとね）を置いて，天皇が日中いるところとした。また，清涼殿母屋の南五間をもいう。

＊春宮…皇太子の居住する宮殿。東宮御所。また，皇太子をいう。とうぐう。しゅんぐう。

＊射山（しゃざん）…上皇の御所。また，上皇，法皇の異称。やさん。

＊逆罪…本来は仏語で，理にそむく極重の悪罪を指すが，中世，特に主人や親をあなどる行為のこと。不忠不孝の罪を指す。ここでは，義朝が保元の乱のあと父為義を処刑したことを指すか。

【現代語訳】

「頼朝卿参内事」

九日，己未，天気晴れ，……（中略）夜になってから内裏に参上した。今夜頼朝卿がはじめて参上した。（頼朝は）まず院（後白河）のところに参り，その後参内した。昼御座において召しがあった。西の簀子に円座一枚を用意した。私（九条兼実）は長押の上に控えた。陪膳は円座を用いた。しばらくして座を立ち，鬼間で頼朝卿と謁談した。今夜小除目が行われ，頼朝が大納言に任じられた。（頼朝は）これを辞退しようとしたが強く推されたためこの職を受けたのだという。

頼朝卿と謁談したことについて。（頼朝が）示したことには「八幡神の御託宣によれば，『ひたすらに君のためにその身を捧げて，百王を守りなさい』とのことでありました。これは帝王のことを指しているのであります。よって他の何者でもなく当今（今の天皇，後鳥羽）を仰ぎ奉る所存であります。しかしながら，現在は法皇（後白河）が天下の政治を執り行っておりますから，当面は法皇にお仕えするのであります。天子（天皇）は春宮（皇太子）のようなものです。法皇が御万歳（没した）の後には，また主上（天皇）にお仕えするつもりであり，現在も全く天皇をおろそかに扱おうとは思っておりません」とのことであった。また下官（兼実）のことについては，「うわべは疎遠であるかのようにふるまってきましたが，その実全くおろそかにするつもりはなく，深く気にかけておりました。射山（後白河）に疑われることを恐れて，わざと疎略であるかのような態度を示していたのです」とのことであった。また言うことには,「天下は最終的に立ち直るでしょう。当今は幼年であり，貴下の人生もまだこれからでございます。頼朝にもまた運があれば，天下の政はどうしてかつての淳朴だったころに戻らないことがありましょうか。現在はすべて法皇に任されていますから，何事も叶わないのであります」とのことであった。彼が示したことは，なかなか核心をついているようだ。

また言うことには,「(源）義朝が父（源為義）を殺したことは，王命を恐れたからなのであります。道理を外れたことにより父は身を滅ぼしましたが，その忠義はむなしいものではありません。そうでありますから，私頼朝もまぎれもなく『朝の大将軍』なのです」とのことであった。

【解説】

史料では，頼朝が「朝大将軍」と自認する様子が書かれており，頼朝がなぜ「大将軍」号を望んだのか，朝廷との関係から説明するにあたって重要な史料であるということができよう。また，ここでは頼朝が父義朝の天皇に対する忠義を受け継いだことを示して,「朝大将軍」という台詞が出ていることにも注目したい。また全体を通して，頼朝は「上皇」に仕えることと「天皇」に仕えることを明確に分けて考えており，それは後白河と政治方針についてズレがあった兼実に対するリップサービスと捉えることもできようが，頼朝にとって朝廷に仕えるということはどういうことなのかを考える上でも，この点に注目することが重要であろう。

なお「義朝逆罪，是依恐王命也,」以下の文について，桃崎有一郎氏は「義朝逆罪」を平治の乱における義朝の挙兵を指すとし,「依逆雖亡其身」の「逆」を「(二条）天皇の裏切り」と解釈する説を提唱されている（『平治の乱の謎を解く』文藝春秋，2023)。上記の現代語訳では「逆罪」の解釈について,「中世，特に主人や親をあなどる行為のこと。不忠不孝の罪」という『日本国語大辞典第二版』(小学館）の説明をもとにこのように訳した。

史料 3　『吾妻鏡』建久三（1192）年七月二十六日条

【本文】

廿六日，丙申，勅使廳官肥後介中原景良，同康定等参著，所持参征夷大将軍除書也，両人〈各々著衣冠〉，任例列立于鶴岳廟庭，以使者可進除書之由申之，被遣三浦義澄，々々相具比企左衛門尉能員和田三郎宗實幷郎従十人，〈各甲冑〉，詣宮寺請取彼状，景良等問名字之処，介除書未到之間，三浦次郎之由名謁畢，則帰参，幕下〈御束帯〉，豫出御西廊，義澄捧持除書，膝行而進之，千萬人中義澄応此役，面目絶妙也，亡父義明献命於将軍訖，其勲功雖剪鬚，難酬于没後，仍被抽賞子葉云々，

除書云，

　右少史三善仲康　　　　内舎人橘實俊　　……（中略）

　　　　建久三年七月十二日

征夷使

　大将軍源頼朝

従五位下源信友

左衛門督〈通親〉，参陣，参議兼忠卿書之，

将軍事，本自雖被懸御意，于今不令達之給，而　法皇崩御之後，朝政初度，殊有沙汰被任之間，故以及勅使云々，

【読み下し文】

廿六日，丙申，勅使廳官肥後介中原景良，同康定等参著す，征夷大将軍の除書を持参するところなり。両人〈おのおの衣冠を著す〉，例に任せて鶴岳（つるがおか）の廟庭に列立し，使者をもって除書を進ずべきの由これを申す，三浦義澄を遣はさる，義澄，比企左衛門尉能員・和田三郎宗實ならびに郎従十人〈おのおの甲冑〉，を相具し，宮寺に詣りてかの状を請け取る，景良等名字を問うのところ，介の除書いまだ到らざるの間，三浦次郎の由名（なの）謁りおわんぬ，すなわち帰参す，幕下〈御束帯〉，あらかじめ西廊に出御す，義澄除書を捧持し，膝行（しっこう）してこれを進ず，千万人の中に，義澄この役に応ず，面目絶妙なり，亡父義明，命を将軍

に献りおわんぬ，その勲功，鬚を剪るといえども，没後に酬いがたし，よって子葉を抽賞せらると云々，

除書に云はく，

　右少史三善仲康　　　　内舎人橘實俊　　……（中略。以下除書に載せられた人々）

　　　　建久三年七月十二日

征夷使

　大将軍源頼朝

従五位下源信友

左衛門督〈通親〉，参陣，参議兼忠卿これを書す，

将軍の事，もとより御意に懸けらるといえども，今に達せしめたまはず，しかるに法皇崩御の後，朝政の初度に，殊に沙汰ありて任ぜらるるの間，故にもって勅使に及ぶと云々，

【語釈】

- ＊膝行…しっこう。いざり。足を曲げ，膝を板敷につけて進退する室内の作法。
- ＊義明…三浦義明（1091～1180）。三浦義継の男。三浦義澄・佐原義連らの父。頼朝の挙兵に応じて戦い，衣笠城で戦死した。
- ＊剪鬚…唐の皇帝太宗が自らの鬚を切って焼き，薬として功臣に与えた故事を踏まえたもの。主君が功臣に報いることの意。

【現代語訳】

二十六日，丙申，勅使である庁官の肥後介中原景良・同康定が（鎌倉に）到着した。征夷大将軍の除書を持参したのである。二人はそれぞれ衣冠を着用し，先例に従って鶴岡八幡宮の境内に並び立ち，使者を通じて除書を進上すると申した。（頼朝は）三浦義澄を遣わされ，義澄は比企左衛門尉能員・和田三郎宗実，および甲冑を着した郎従十人を引き連れ，鶴岡八幡宮寺に参って，除書を受け

取った。景良らが（義澄に）名字を問うたところ，介の除書がまだ到来していなかったので，三浦次郎であると名のり，（御所に）戻った。幕下（頼朝）は御束帯で，あらかじめ西の廊にお出ましになっていた。義澄が除書を捧げ持ち，膝行してこれを進上した。多くの人々がいる中で義澄がこの役を果たしたことは，この上ない名誉であった。亡父（三浦）義明は命を将軍に捧げた。その勲功は（頼朝が）鬚を剪ったとしても，（義明の）没後では報い難いものであったから，その子孫を賞されたのだという。

除書は次の通り。

右少史三善仲康　　　　内舎人橘実俊　　……（中略）

建久三年七月十二日

征夷使

大将軍源頼朝

従五位下源信友

左衛門督（源）通親が陣の座に参り，参議（源）兼忠卿がこれを書いた。

（頼朝は）将軍のことを以前から心にかけておられたが，今まで望みを達することはできなかった。しかし（後白河）法皇崩御の後，朝廷の政務の最初に特に審議があって任じられたもので，特別に勅使も遣わされたという。

【解説】

頼朝の征夷大将軍任官に関する最も基本的な史料であるが，それゆえか史料集などには収録されていない場合が多い。本史料については「将軍事，本自雖被懸御意」という記述から，頼朝が「征夷大将軍を望んでいた」と従来解釈されてきたことは，本文の通りである。また「法皇崩御之後，朝政初度，殊有沙汰被任」という記述から，後白河法皇が亡くなったことが頼朝の任官と結び付けられているような記述になっている点も重要であろう。ところで，本史料においても頼朝が望んだのはあくまで「将軍」という記述になっており，「征夷大将軍」とは書かれていないことには注意したい。また除書には「征夷使　大将軍源頼朝」となっており，史料①の記述に対応していることにも注目させたい。

※【読み下し】は高橋秀樹編『新訂吾妻鏡　四』（和泉書院　2020），【現代語訳】および【語釈】の一部は五味文彦・本郷和人編『現代語訳吾妻鏡　5』（吉川弘文館，2009年）からそれぞれ引用，一部改変した。

史料4　『吾妻鏡』文治三（1187）年十一月十五日条，同二十一日条

【本文】

十五日，壬子，去夜梶原平三景時，内々申云，畠山次郎重忠，不犯重科之処，被召禁之条，称似被棄捐大功，引籠武蔵国菅谷舘，欲発反逆之由風聞，而折節一族悉以在国，綷已符合，争不被廻賢慮乎云々，依之今朝召集朝政行平朝光義澄義盛等勇士，遣御使可被問子細歟，将又直可遣討手歟，両条可計申旨被仰含之，……（中略）爰行平者，弓馬友也，早行向可尋問所存，无異心者，可召具之旨被仰出，行平不能辞退，明暁可揚鞭云々，

廿一日，戊午，行平相具重忠，自武蔵国帰参，……（中略）行平去十七日向畠山舘，相触子細於重忠，々々太忿怒之，依何恨抛多年勲功，忽可為反逆凶徒哉，且於重忠所存者，不能左右，在二品御腹心，今更无御疑歟，偏就讒者等口状，称有恩喚，相度為誅，被差遣貴殿也，生末代今，聞此事，可耻業果者，取腰刀欲自戮，行平取重忠手云，貴殿者，不知詐偽之由自称，行平又誠心已在公之条，争可異貴殿哉，可誅者亦非可怖之間，不可偽度也，貴殿将軍之後胤也，行平四代将軍裔孫也，態令露顕及挑戦之条，可有其興，時儀適撰朋友，行平為使節，是无異儀為令具参之御計者，于時重忠含笑，勧盃酒，歓喜相伴云々，

【読み下し文】

十五日，壬子，去夜梶原平三景時，内々に申して云はく，畠山次郎重忠，重科を犯さざるの処，召し禁ぜらるの条，大功を棄捐（きえん）せらるるに似ると称し，武蔵国菅谷舘に引き籠り，反逆を発さんと欲するの由風聞す，折節て一族悉（ことごと）く以て在国す，綷已（ことすで）に符合す，いかでか賢慮を廻らさざるやと云々，これにより今

朝朝政・行平・朝光・義澄・義盛等勇士を召集す，御使を遣わし子細を問はるるか，はたまた直に討手を遣るべきか，両条を計り申すべき旨之を仰せ含めらる，……（中略）ここに行平は，弓馬友也，早く行き向ひて所存を尋問すべし，異心なくば，具して召すべきの旨仰せ出さる，行平辞退することあはず，明暁揚鞭すべしと云々，

廿一日，戊午，行平重忠を相具し，武蔵国より帰参す，……（中略）去ぬる十七日に畠山が舘に向ひ，子細を重忠に相触る，重忠はなはだ忿怒(ふんぬ)して云はく，何の恨みによって，多年の勲功抛(なげう)ち，たちまちに反逆の凶徒となるべけんや。かつは重忠が所存においては，左右に能はず，二品の御腹心，今更御疑いなきか，偏(ひとえ)に讒者(ざんしゃ)が口状に就きて，恩喚(おんかん)ありと称し，相度りて誅せんがために，貴殿を差し遣はさるるなり，末代の今に生れてこの事を聞く，業果(ごうか)を恥ずべし，てえれば，腰刀を取りて自戮(じりく)せんと欲す，行平，重忠が手を取りて云はく，貴殿は詐偽を知らざるの由自称す，行平また誠心，心公にあるの条，いかでか貴殿に異なるべけんや，誅すべくんば，また怖るべきにあらざるの間，偽り度るべからざるなり，貴殿は将軍の後胤(こういん)なり，行平は四代将軍の裔孫(えいそん)なり，わざと露顕せしめ，挑み戦ふに及ばんの条，その興あるべし，時儀たまたま朋友を選び，行平を使節となす，これ異儀なく具し参らしめんがための御計ひなりてえれば，時に重忠笑を含み，盃酒を勧め，歓喜して相伴と云々，

【語釈】

＊菅谷舘…畠山重忠の屋敷。遺構が埼玉県比企郡嵐山町菅谷に所在する。

＊行平…下河辺行平。生没年不詳平安・鎌倉時代前期の武将。下総国下河辺荘司。行義の子。源頼朝の挙兵に参加し，頼朝から下河辺荘司を安堵された。以後頼朝に属し，有力御家人に列した。

＊将軍之後胤…「将軍」は平良文をさす。良文は平安時代中期の地方軍事貴族。上総介高望の子。村岡五郎と称し，鎮守府将軍に任じたという。すぐれた兵として名高く，武蔵国足立郡箕田郷の源充（嵯峨源氏）と一騎打ちで雌雄を争ったことが『今昔物語集』二五にみえる。

＊四代将軍裔孫…行平は藤原秀郷の子孫であり，秀郷―千常―文修―兼光―頼行の５代が鎮守府将軍に任じられたとされる。

【現代語訳】

十五日，壬子，昨夜，梶原平三景時が内々に申した。「畠山次郎重忠が，（自分は）重科を犯さなかったのに拘禁されたことは，大功を破棄されたようなものだと言って，武蔵国の菅谷館に引き籠り，反逆を起こそうとしているとの情報がありました。折しも，畠山の一族が悉く在国しています。これはちょうどつじつまがあっています。どうして御思慮をめぐらされないでしょうか」これにより，今朝（小山）朝政・（下河辺）行平・（小山）朝光・（三浦）義澄・（和田）義盛等の勇士を召し集めた。御使を遣わして事情を問われるべきか，それとも直ちに討手を遣わすべきか。二つの案について意見を申すようにと，よくよく仰せられた。……（中略。その議論の中で）「行平は（重忠とは）弓馬の友であろう。早く彼のもとに赴いてその所存を尋問しなさい。異心がなければ，(重忠を）召し連れてくるように」と命じられた。行平は辞退せずに，翌日の暁に出発するという。

（十一月）二十一日，戊午，行平は重忠を伴って，武蔵国から帰参した。……（中略）行平は去る十七日，畠山舘に赴くと，事情を重忠に知らせた。重忠は甚だ憤怒して，「なんの恨みがあって，多年の勲功を抛って，たちまち反逆の凶徒となれようか。それにまた重忠の所存は，かれこれいうまでもない。二品（頼朝）が心の底で今さらお疑いになるようなことでもなかろう。ひとえに讒者どもの口上によって，お召しがあると称し，相計って誅するために貴殿を派遣されたのであろう。末代の世に生まれて，今このような事を聞くとは，業果を恥ずべきである」と言うと，腰の刀を取って自害しようとした。行平は重忠の手を取って「貴殿は，自分は偽ることを知らないと自ら言っている。行平もまた，誠意の心を持ち，心が公にあることについては，どうして貴殿と異なろうか。(私が貴殿を）誅するのであれば，また怖れるべきことではないから，偽計を用いることもない。貴殿は（鎮守府）将軍（平良文）の後胤である。私行平も（藤原秀郷以来）四代にわたる（鎮守府）将軍の裔孫である。わざわざ折りよく（貴殿の）朋友を選び，行平が使節となった。これは間違いなく（貴殿を）連れてこさせるためのはからいである」と言った。すると重忠は笑って行平に盃酒を勧め，喜んで（鎌倉まで）同道したという。

【解説】

本史料の前提として，重忠の代官が狼藉をはたらいたとして，千葉胤正のもとに勾留される事件が起こっており（『吾妻鏡』文治３年６月29日条～参照），武勇を惜しんだ頼朝により赦免された重忠は武蔵の国に引き籠ってしまい，梶原景時らに謀反を疑われるという流れになっている。この点については最初の説明で史料を確認する時に説明するか，史料プリントにあらすじを記しておくなどして，生徒が理解できるようにしておく必要があるだろう。

本文については，後半部「貴殿将軍之後胤也，行平四代将軍裔孫也」という行平の台詞が，重忠を説得するための重要なキーワードであったことに注目させたい。「将軍」の語が御家人たちにとってどのような意味をもつのかということを理解するために，重要な意味をもつ史料である。読解にあたって，生徒は「後胤」「裔孫」といった語句の意味が了解できないことが多いと思われるので，こうした語句についてもある程度補足が必要であろう。

※【読み下し】は高橋秀樹編『新訂吾妻鏡　四』（和泉書院　2020），【現代語訳】および【語釈】の一部は五味文彦・本郷和人編『現代語訳吾妻鏡　5』（吉川弘文館，2009年）からそれぞれ引用，一部改変した。

【注】

1） 川合康氏の鎌倉幕府論については，『鎌倉幕府成立史の研究』（校倉書房，2004年）『源平合戦の虚像を剝ぐ』（講談社，2010年）「鎌倉幕府の成立を問い直す」（『歴史地理教育』815，2014年）などを参照。

2） 『吾妻鏡』文応元（1260）年４月26日条に「将軍家御居所者称幕府」という文言

がみえるように，鎌倉時代中にも将軍の居所を指す言葉としては存在している。

3）前田大志「中学歴史　鎌倉幕府成立時期の再考：『イイクニつくろう鎌倉幕府』は正しいか」（『歴史地理教育』920，2021年）河野通郷「高校の授業　日本史『鎌倉幕府の成立年』を話し合う：中世の国家像を考える討論を目指して」および，平井美津子「中学歴史『いい国つくろう鎌倉幕府』からの脱却」（『歴史地理教育』815，2014年）など

4）石母田正「鎌倉幕府一国地頭職の成立」（『中世の法と国家』東大出版会，1960年）

5）例えば，中学歴史教科書の例であるが「（教科SHOW）中学校の歴史　1192年は違うの？　鎌倉幕府成立」（『朝日新聞』2008年２月23日夕刊）にはこうした趣旨の記述がみえている。

6）髙橋秀樹「鎌倉幕府成立は『イイハコ』になったのか」（『日本歴史』852，2019年）

7）髙橋昌明『武士の日本史』（岩波書店，2018年）

8）『稿本国史眼』（大成館，1890年）

9）喜田貞吉「征夷大将軍の名義に就いて」（『民族と歴史』7(5)，1922年）

10）杉橋隆夫「征夷大将軍」（『国史大辞典』吉川弘文館，1987年）

11）下村周太郎「『将軍』と『大将軍』―源頼朝の征夷大将軍任官とその周辺」（『歴史評論』698，2008年）

12）石井良助「鎌倉幕府職制二題」（『大化改新と鎌倉幕府の成立』創文社，1972年初出，1931年）

13）杉橋隆夫「鎌倉右大将家と征夷大将軍」（『立命館史学』4，1983年）

14）藤本元啓「源頼朝の征夷大将軍補任に関する問題」（『軍事史学』20(2)，1984年）

15）柴田真一「源頼朝の征夷大将軍補任をめぐる二，三の問題」（『文化史論叢　下』創元社，1987年）および北村拓「鎌倉幕府征夷大将軍の補任について」（今江廣道編『中世の史料と制度』続群書類従完成会，2005年）

16）櫻井陽子「頼朝の征夷大将軍任官をめぐって―『三槐荒涼抜書要』翻刻と紹介―」（『明月記研究』9，2004年）

17）本史料の名称は『三槐荒涼抜書要』となっているが，一般に忠親の日記は中「山」内大臣の日記であることから『山槐記』と称されているため，以下こちらを使用する。

18）『玉葉』寿永３年正月15日条

19）喜田前掲論文注９）

20）『吾妻鏡』寿永３年正月10日条，『百錬抄』寿永３年正月11日条

21）杉橋隆夫「鎌倉右大将家と征夷大将軍・補考」（『立命館文学』624，2012）

22）下村前掲論文注11）

23）『詳説日本史』山川出版社　2022年検定済
24）「第一学習社　グループ分けツール」https://www.daiichi-g.co.jp/osusume/forfun/10_group/10.html（2023年９月10日閲覧）
25）『京大の日本史15ヵ年』教学社，2018年

【参考文献】

川合康「鎌倉幕府の成立を問い直す」（『歴史地理教育』815，2014年）

高橋典幸「高橋典幸氏インタビュー　鎌倉幕府とは何か（上）」（『歴史地理教育』815，2014年）および「高橋典幸氏インタビュー　鎌倉幕府とは何か（下）」（『歴史地理教育』816，2014年）

高橋秀樹「鎌倉幕府成立は『イイハコ』になったのか」（『日本歴史』852，2019年）

下村周太郎「『将軍』と『大将軍』―源頼朝の征夷大将軍任官とその周辺」（『歴史評論』698，2008年）

櫻井陽子「頼朝の征夷大将軍任官をめぐって―『三槐荒涼抜書要』翻刻と紹介―」（『明月記研究』9，2004年）

第5章

授業実践例③　戦う武士たちの実像を読み取ろう
――「日本史探究」を見据えた中世古文書の教材化の試み――

風間　洋

はじめに

高校の歴史教育の現場では，「歴史総合」科目に続いて，2023年度から「日本史探究」（以下「探究」）の導入が行われている。旧課程「日本史Ｂ」の後継科目とされ，日本の原始・古代～近現代までを学ぶこととなっている。今回告示された『高等学校　学習指導要領解説　地理歴史編』（以下『解説』）[1]には，「我が国の歴史について，資料を活用し多面的・多角的に考察する力を身に付け，現代の日本の諸課題を見いだして，その解決に向けて生涯にわたって考察，構想することができる資質・能力を育成する」とあり，単なる歴史的事象を学ぶだけではなく，様々な歴史資料[2]を多面的・多角的に考察する作業を通じ，生徒の周辺で起きている諸問題に対応・解決できる能力を養うことを目標に掲げている。これは，必履修科目の「歴史総合」で学んだ資料を用いた歴史的考察を継承したものであり，同様に「探究」でも資料を活用した考察を主体として進めることを求めているのは明らかであろう。

しかし，「歴史総合」の授業実践の検討は，導入以前から歴史や教育関連の学会や研修などでも盛んに行われていたが，「探究」の方は，それに比べて低調といわざるを得ない[3)]。特に前近代の中でも古文書など文献史料を用いた実践例は，管見の限りほとんどないといえるだろう。絵巻物や風刺画などは，生徒にも視覚的に目を引き，教師もその歴史的背景や作者の意図などを授業展開の中で生徒へ読み取らせる教材として扱いやすい。それに比べて，前近代の古文書など文献史料は，教員でも古文書などを扱った者が少なく，まして原文書の読解などは習練も必要で，授業の教材化に至るまでにいくつもの制約があり，教員側も敬遠しがちな分野の史料なのである[4)]。

しかし，文献史料はやはり歴史学の基本であり，文献を含む諸資料の読解の積み重ねによって現在の教科書などの歴史叙述も成り立っている[5)]。筆者も現場の歴史教員として，地域に遺る中世の古文書の複製などを用いた授業実践の可能性を模索してきたが[6)]，本章も不十分ながら，複数の中世文書を用いた実践案を紹介したい。本章は，南北朝期に盛んに全国で発給された戦場の状況が克明に記載された軍忠状（『熊谷家文書』所収のものを使用）と，戦場の武士が本領にいる家族などに宛ててその心情を吐露した『高幡不動胎内文書』所収文書を教材として，教員が適宜問いかけをしながら，生徒と一緒に史料の読み取りを進め，南北朝時代の武家の戦闘や戦場の実態，そして内乱期を経てこうした文書が現在まで遺されて伝わっている意味に迫ろうとするものである[7)]。

これは，以前から筆者が前近代史を教える授業の際，「戦争」や「戦闘」の具体的な状況について生徒に考察させる機会を設けてこなかった点に忸怩たる思いがあったことに起因している。生徒自身も日本の中世の戦闘の情報源といえば，ドラマやゲームなどの情報が主たるもので，騎馬にまたがった鎧武者が，刀や槍で切り合うシーンなどを漠然とイメージしているようである。また，教科書の記述も「ＡとＢが〇〇で争い……」，「ＡがＢを〇〇の戦いで倒した……」のような無味乾燥な権力交代の記述が淡々と続くのみで，そこで戦った武士や庶民の状況はうかがえず，筆者も授業進度の制約などから具体的な資料を用いた教材化を怠ってきた[8)]。当然生徒は，南北朝の戦乱などは，遠い昔の自身とは無縁の出来事という感覚でしか捉えられず，人名や歴史的な事象を単なる記号のように暗記することで済ませてきたのではないだろうか。

今回の「探究」が，教員や生徒自身が設定した問いに対し，諸資料を読み解きながらその問いを解決する科目となった[9]ことで，教員が提示する資料の精選と準備が一層重要となってくる。どんな資料を提示するかによって，生徒の描く歴史像は大きく違ってくるのである[10]。教材化する資料に対して教員の深い造詣が一層求められており，教員個人ですべての単元にわたって資料の教材化を図るには限界がある。「探究」授業の多くの授業案・実践例が教員間で共有されることが早急に求められており，本章もその叩き台として提示し，大方のご批判を仰ぎたいと思う。

1．本実践にあたっての事前指導準備・目標とねらい・配布教材と授業の導入

単元　中世社会の展開　南北朝の内乱

⑴　事前の学習指導

本実践は，「探究」選択履修者を対象に50分授業×２回で実施することを想定している。実際の授業時間では，生徒に史料の読み取り作業や時代背景の考察に時間を割り当てたいので，出来るだけ用語や人名など，知識の伝達に関する作業に時間をとられることを避けたい。このためサブノートなど教科書の準拠教材などを有効に活用し，鎌倉時代末期から南北朝内乱期の複雑な政治動向については，生徒達に事前に基本的な予備知識として学ばせておくことが望ましい（いわゆる反転学習）。

⑵　目標とねらい

ａ．知識面

南北朝時代の武士の戦闘を美化や誇張されたイメージを払拭し，複数の古文書から武士の戦闘の実態や恩賞申請のシステム，戦闘に臨む武士の心情を学び，南北朝の内乱期の政治的・社会的背景と結びつけることができる。

b．技能面

軍記物語などの二次史料の内容を批判・検討しながら，古文書という一次史料の読解に取り組み，その内容を時代背景とあわせて読み取ることができる。

c．考察面

戦争・戦闘という状況を当時と現代との比較の中で考察し，同時にこうした古文書が現代まで遺された（⇔遺らなかった）意味を考察し，今後の文化財保護への興味関心を醸成することができる。

(3) 配布教材

A．ワークシート　プリントとして配布。生徒が史料を読み進めていく中で，教員側が着目してほしいポイントや観点を問１～問９という形で考察に誘導していく。また，各問いの中に①②……という形で考察の整理をしている。以下，本論上で展開する問１～問９や①②……は，ワークシートに記載されているものである。

B．資料　本実践案で使用。本章末に史料編として掲載している。適宜参照されたい。

導入史料　Ⅰ　『太平記』第三巻　笠置合戦の事
　　　　　Ⅱ　『太平記』第二九巻　桃井四条合戦の事
史料１　　「熊谷直経手負注文」『熊谷家文書』四二号
史料２　　「熊谷虎一丸申状」『熊谷家文書』一一八号
史料３-１　「山内経之書状」『高幡不動胎内文書』四二号
史料３-２　『高幡不動胎内文書』より，教員が今回の実践の目的やねらいの考察に適当と判断して選択した文書の意訳（四二号も含む）

史料１・史料２・史料３-１については，写真版コピー（原寸大に拡大したカラー版が望ましい），別紙として翻刻・読み下し文・現代語訳・語句の解説が記載されたプリントを用意する。それらに加え，『高幡不動胎内文書』所収の主要な文書を意訳したプリントを史料３-２として配布する。さらに教員は配布史料の出された政治・社会的背景を解説するために鎌倉幕府滅亡～南北朝動乱期の【関連年表１】や，「常陸合戦」の推移を示した【関連年表２】などを用意しておく。

⑷　時間配分　50分授業×２回を予定

…１時間目　導入と史料１・史料２の読み解きと考察

…２時間目　史料３－１・史料３－２の読み解きと考察，史料１・史料２と史料３－１の比較考察，史料の伝来や保存の考察，本授業のまとめ

⑸　授業の導入

生徒は中世の武士の戦いの様子を示す文献史料となると，『平家物語』などの軍記物語などを想起する。しかし，軍記物語など文学作品は，戦う武士の勇ましさ，剛勇さ，美しさ等を描くことが多く，誇張表現もみられる。授業の導入として，教員は一次史料である古文書の読み取りに入る前に南北朝時代の代表的な軍記物である『太平記』の記述の一部を生徒に提示し，軍記物語のような二次史料の考察からはじめたい。ワークシートの「**問１　導入史料Ⅰ・Ⅱの『太平記』の記述から読み取れることは何だろう。軍勢の数や武士の行動に注目してみよう**」という課題に取り組んでもらう。

生徒はⅠ・Ⅱの記述から，自分の陣営にどれだけの軍勢が集まるか，指揮官自身まったく把握ができていない状況，そのために着到（軍勢の到着したことを書き留めること）を行おうとしていた様子を読み取れるだろう。また，一挙に膨れ上がったかと思えば，戦況が不利とみるや瞬く間に逃げ散ってしまう離合集散の激しさ，さらには南北朝期の武士の機をみるに敏な特性も読み取ってもらいたい。こうしてみると，南北朝期においては，きちんとした軍事編成の制度などは確立していなかったのではないだろうか，といった仮説が立てられるのではないだろうか。ただし，これは軍記物である『太平記』の記述で，あくまで二次史料であること，軍勢の数等には誇張が含まれている点は，生徒に注意を喚起したい。こうした南北朝期の武士の動向を踏まえた上で，実際の古文書である史料１から読み進めていく。

2．「合戦手負注文」から何が読み取れるか

生徒に史料1の原寸大のコピーを配布し，この文書の読み取りを進めてもらう。当史料は楷書で書かれており，古文書学の知識のない生徒でもそれほど苦慮せずに読み進められるのではないだろうか[11)]。教員からは，熊谷氏や『熊谷家文書』についての概説は行うが，それ以外はできるだけ情報を与えず，「問2　実際に原文書を眺めて，①〜⑤の観点に着目して内容を読み解いてみよう」というワークを課す。授業の効率化を図るため，グループワークにするのも効果的であろう。この間教員は生徒間を巡回し，生徒の疑問や進捗状況などに対応する。読解やワークの達成状況が芳しくない場合は，別紙の読み下し文や注釈，現代語訳などを早めに配布することも検討する。これは，本時の目的が南北朝期の武士の戦闘状況を読み取ることであって，決して古文書読解が主目的ではないからである。

① 文書全体から大きさや紙の色，筆使いの感想は？

…コピーとはいえ，その紙の大きさや墨色，筆使い等を生徒に注目させ，自由に感想を書いてもらう。当時の戦闘の間もない時期に記された記録の迫力や緊迫感などを感じ取ってもらいたいためである[12)]。

② 何時，誰が出したものか？

…古文書の基本情報の確認である。文書の一番左（奥）に注目させる。「正慶二年（1333）年四月二日　平（熊谷）直経＋花押（サイン）」があることで，熊谷直経が出した書状である。

③ この文書の題名は？　冒頭に注目しよう。

…これも古文書の基本情報の確認である。「註（注）進　手負人交名事」の記載より，負傷者の名簿を提出したものであることに気付かせたい。

④ 負傷者と怪我の様子はどうだろう？

…熊谷小四郎直経と籏差（従者）中平三男の「脚」，「股」，「射徹骨」，「已上二二（四）箇所」等の記載に注目させれば，生徒もこれが負傷した場所や数

であることに気付くであろう。また，刀剣よりも弓による負傷が多いことにも注目させて，このことから南北朝初期の戦闘の主力が弓矢であることにも言及したい。

⑤ どこで負傷した？戦闘の様子は？

…「右直経…」から始まる日付や内容に注目させ，２月25日に楠木城（＝赤坂城)」の攻撃，閏２月６日「当城（千岩屋＝千早城の事)」の攻撃，４月１日にも千岩屋（＝千早）城の戦闘が読み取れるだろう。「数十枚楯幷びに土石で堀を埋め」，「大手堀際，矢蔵を構え…数箇度合戦」し，「大手西山中尾登先において…疵を被り」等，具体的な戦況が記されている。また②と関連させることで，負傷した翌日にこの文書が出されたことがわかる。

⑥ この手負注文を書いて提出した目的は何だろうか？

…「忠節を抽んじ」や「註進（＝申請)」という語句に注目させれば，生徒は熊谷直経が戦闘による負傷を報告していることに気付くだろう。当然求めているものは，名誉の負傷による恩賞給付であることに考察を導きたい。

⑦ 合戦で負傷した熊谷直経・従者の二人それぞれの傷の具合に合点「ヘ」というチェックの印や，「深」「浅」という別人による書き込みがあるが，これは何だろう？

…教員は合点や「浅」「深」の記載が別人の書き入れたものであり，おそらくこれは右端に記載のある定恵・資清という奉行人と思しき人物が記載したことを補足解説する。生徒も戦場で奉行人が，熊谷主従の傷の程度や場所を確認しながら記録する場面を想像できるのではないだろうか。当然，自身の戦功を大袈裟に報告する武士も多数いたと思われ，戦場で錯綜する情報や混乱など，現在にも通ずる状況について生徒間でも自由な議論を促したい。

3．軍忠状をどう読み解くか

次に提示する史料２は，1333年の鎌倉幕府滅亡直前の攻防が記録されているもので，同じく熊谷氏の軍忠状である。元弘の変（史料１）から鎌倉幕府の滅亡（史料２）という激変する政局の中で，熊谷氏という小規模な一氏族がどのように身を処していったかを生徒に考察させることができる史料であろう。また，筆者の勤務校の鎌倉周辺地域の地名が記載されており，地域資料としての活用も意識している。地名や人名の頻出する軍忠状は，全国にも多く遺されている。他校においてもその地域の軍忠状を活用すれば，身近な場所が戦場となり，そこでどのような戦闘が行われたのかということがわかり，自身の周辺地域を南北朝内乱の歴史の大きなうねりの中に位置づけることができるであろう。史料１同様，ワークシートの問いによって誘導し，古文書の読み取り作業を行いたい。

問３「史料２をみて，①〜⑦の観点に着目しながら文書の概要を読み解いてみよう」

① いつ誰が出した文書か？　左端の年代と冒頭の題名に注目しよう。

…問２の②③同様，古文書の基本情報の問いである。左端の「元弘三（1333）年八月」の記載や冒頭の「武蔵国（熊谷）小四郎直経孫子虎一丸申親父平四郎直春討死事」に着目させれば，虎一丸によって父・直春の戦死を報告していることが読み取れるだろう。父親の「討死」を申請した意図は，当然史料１の考察から，後日の恩賞獲得であることに気付かせたい。

② いつ，どこで戦った記録なのか？文中の日付や地名に注目しよう。

…熊谷直春は「五月十六日馳参数ヶ度合戦」，「同廿日…鎌倉霊山寺之下討死」とある。直春が鎌倉幕府の討幕軍に加わっていたことに気付くだろう。教員は戦場が「霊山寺」で，これが鎌倉の西の入口にある極楽寺の南方丘陵にあった寺院であること，寺院が軍事拠点として機能しており，鎌倉西部の激戦地であったことを解説する。また，近年の発掘調査により，削平地や土塁，寺院跡などが確認されるといった考古学的成果[13)]もあわせて解説し，文献と考古資料の融合を図ることで，より多角的な考察ができることに気付かせたい。

③ 史料１とあわせて熊谷氏の系譜を復元しよう

…熊谷氏は，直経（史料１で負傷）－直春（鎌倉で戦死）－虎一丸（史料２より直経の孫で申請者）という三代の系譜が復元できる。このように複数の古文書を通覧して読み解くことで新たな史実の復元が可能となることにも気づかせたい。

④ 戦場ではどうやって戦功を確認するのか，証拠とするのか？

…「此子細…大将御検知之上，同所合戦之…吉江…斎藤…所見及所也」の記載に注目させ，同所で戦った大将（指揮官）の「検知（≒実検のこと）」や，味方の目撃や証言が，恩賞の認定に繋がる方法であった点に気づかせたい。

⑤ 左端に「承了」＋花押（義貞判）を据えている意味は何だろう？

…この部分が虎一丸の筆跡と異筆であることを解説し，生徒に申請が事実と指揮官に認められ，署名がもらえた証拠である点に気づかせたい。ただし，別紙で「義貞判」と張り紙があるものの，この花押（署名）の形状は新田義貞の花押の形状とは異なっている点は補足しておきたい。現在まで保存・伝来してきた過程で，後世に花押の人物が鎌倉幕府を滅亡させた武将として著名な新田義貞と判断されてしまったのであろう（後述）。

⑥ 史料１・史料２が熊谷氏が提出した文書にもかかわらず，再び同氏の手元に戻っているのは何故だろう？

…⑤からの継続した問いである。熊谷氏が奉行や大将など恩賞認定者へ提出→奉行や大将が合点や証判を据えて熊谷氏へ返却→申請した熊谷氏の手元に保管，という一連の文書の流れが，当時の戦功認定の手続きである点を理解させたい。当然，この文書が後日に熊谷氏の恩賞を受ける際の重要証拠となったこと，後述するが，現在も熊谷氏の子孫が大切に保管している意味もこの授業のまとめで考察させる。

⑦ 史料１では，熊谷氏は「正慶」年号を使用しているが，一ヶ月後の史料２では「元弘」を記している。何故年号を変えて記載したのだろう。その意味するものは何だろう？（教員は，生徒の考察の補助として【関連年表１】を提示する）

…事前学習を前提に歴史的背景を踏まえた発展的な問いである。当時後醍醐天皇の大覚寺統と幕府の支援する持明院統に皇統が分裂し，両統が別の年号を用いていたことを想起させる。史料１では，熊谷氏は鎌倉幕府軍の一員として楠木攻めに参加＝持明院統の「正慶」年号，一ヶ月後の史料２には討幕軍の一員となり鎌倉攻めに参加＝後醍醐天皇方「元弘」年号の使用に至ったことを示している。どの年号を用いるかによって，自身の政治的な立場を示しているという点に留意させ，熊谷氏のような一武士でも激変する政局に敏感に対応し，自家の存続のため政治的立場を変えていた点が，古文書にも反映していることに気付かせたい（以上，前半50分の授業）。

４．戦場からの書状に思いを馳せる —史料３－１および３－２

前時間で扱った史料１・史料２が，いわば恩賞を獲得するため，戦功を上級機関に申請する公的な性格を持っていたのに対し（後述），本時では戦場に赴いた武士が本領に残した家族に宛てたと思われる史料３－１の読み取りを行う。生徒には前時と同様，ワークシートの問いによって教員が注目して欲しい点を誘導する形で進める。ただし，教員がその他の文書とあわせた意訳（史料３－２）も同時に配布する。

問４　史料３－１の形状や紙面を眺めて，前時で使用した史料１・史料２と比較して気付いた点を書き出してみよう。

本時で教材とする史料３－１は，難解な仮名書きの上に不整形に裁断されているため，生徒自身で内容読解することは不可能であろう。ここでは形状や紙面などの外観で気付いた点を史料１・史料２との比較の中で考えてもらう。形状は方形でなく不正形で，文字も楷書でなく乱れた仮名書きであること，多数の印がその紙面に押されている点などは生徒も指摘することができるだろう。ここで教員は，この文書の概要や当時の歴史的な背景について解説する。史料３－１は，東京都日野市にある寺院の仏像の胎内から偶然に発見された70通余りの中の一通であり，全てが裁断されてその紙面の全面には仏像の印判が押されていること，そのほとんどが山内経之という武蔵西部の小領主が，常陸の戦場から妻子や近隣の僧侶に宛てた内容であることなどである[14)]。史料の歴史的な背景を理解するため，山内経之や山内氏という氏族，また当時の常陸での南北朝合戦の状況について，【関連年表２】などを適宜使用して解説することも肝要である[15)]。

問５　史料３－１及び『高幡不動胎内文書』の意訳（史料３－２）から，読み取れる内容を①～④の観点から指摘しよう。

史料３－２は，史料３－１を含めた『高幡不動胎内文書』文書群の中から内容が比較的平易で，山内経之という武士の心情や当時の戦場の状況が捉えられるものをあらかじめ教員側が選択し，その内容を意訳したものである。これを生徒に配布し，ワークシートには読み取る際の観点①～④を示し，これに沿う形で考察してもらう[16)]。

① 山内経之の戦場での様子・心情はどうだろう？

…23・25・34・42・45号などから戦場での馬や武具などは自己負担であること等，経済的な困窮などが読み取れる。戦闘の激化による負傷者や戦死者の続出，死と隣り合わせの心情，長期の戦場での物心両面の消耗・苦難等については，現代的な感覚でも通ずるところがあり，多くの生徒が共感できる部分だろう。

② 当時の軍事編成の問題についてわかることは何だろう？

…23・34・39号などから，出陣拒否や無断帰国する武士が多数いたこと，その罰則として所領没収などが科されていたことがわかる。経之も従者の逃亡に苦慮しており，強制された軍役のため戦意が低く，軍勢の召集もおぼつかない状況に気づかせたい[17)]。

③ 留守の妻子や所領についての対応は？

…２・45号より，子息や妻に対する気遣いや心配の手紙を頻繁に出している点は，現代的な感覚に照らしても生徒にも通ずるところがあろう。一方で教員は，４・39号のように臨時税の徴収や，農民・従者に対する厳しい態度など，小規模とはいえ支配者である経之の側面にも留意させたい。

④ 近隣領主との関係はどうだろうか？

…2・23・25・45号には，「高幡・新井・青柳」などの近隣の領主と思われる人物が登場し，所領の治安維持や借金の依頼などが読み取れる。ここから一定の友好関係や互助関係があった点，南北朝期から顕著となる地縁的な結合である一揆の形成にも気づかせたい。

問６　その書状に紙面に仏印が押され，それが仏像の胎内に納められた理由は何だと考えられるだろうか。山内経之の手紙が，この常陸合戦の途中で途絶えていることとあわせて考えてみよう。

おそらく経之は，この合戦の途中で戦死した可能性があること，書状に仏印を押し仏像の胎内に納めるという宗教的な性格が強い状況から，妻子が戦死した経之を供養するためではないか，という推定が生徒にもできるのではないだろうか。経之の家族の心情に思いを馳せたい。これ以外にも様々な可能性があり，自由に考察してもらう問いであるが，考察には根拠が伴うことを生徒に留意させたい。

5．まとめ　各史料の歴史的な位置づけ

史料１～史料３－２までの具体的な史料の読み取り作業を実施した上で，次に以下の問いを生徒に投げかけることで，これら史料の歴史的な位置づけ，さらにはこうした古文書が大切に遺された（⇔遺らなかった）意味を考察してもらい[18]，本実践案のまとめとしたい。

問７　南北朝期に史料１・史料２のような軍忠状（軍事関係文書）が激増するのはなぜか？　そしてこれらが廃棄や散逸せずに今日まで残っているはどうしてだろうか？

当然「長期にわたる戦乱が続いたから」という生徒の意見が予想されるが，これに対して教員は，同様に源平合戦や蒙古襲来など，大規模な戦乱は過去にもあった点を指摘し，現時点での研究状況の解説を行う。従来の研究では，長期間しかも連戦続きの南北朝の内乱期には，前代までのように口頭による聞き取りをする機会が不可能だったため，という説が主流だったようだが，近年は導入で考察したように南北朝期の軍事編成の流動性や徴兵システムの不在に原因を求め，むしろ恩賞を申請する側の武士が自己の戦功を記録する必要性から

積極的に返却された文書を保存する側面が評価されているという。生徒から出される意見を吸収しながら，教員は諸説を披露して，現在の研究でもまだ未解明な部分がある点，様々な可能性を考察する歴史の面白さにも言及したい。

問８　南北朝期が終わり，守護大名や戦国大名が台頭する室町～戦国時代になると，こうした軍忠状など戦功を申請する文書がみられなくなるが，何故だろうか？

発展的な問いであり，次の室町～戦国期の単元に展望を広げる意味で設定している。生徒は，守護大名や戦国大名の領国支配の単元については未習であるため，生徒各自の自由な発想の意見でよい。ただ，守護大名や戦国大名と領国内の中小武士とのパワーバランスに着目させた考察を期待したい。教員は，南北朝内乱が収束していく中で守護大名が台頭し，国内の中小武士を被官（家臣）化していくことと，軍忠状の減少が大きく関わっている点を解説したい。南北朝期には，一揆を形成して上級権力から自立していた中小武士が，次第に守護大名の権力の中に取り込まれていく（≒被官化）。すなわち被官（家臣）となれば，大名の軍事動員に従うのは当然となり，恩賞を申請するという手続き自体が消滅していったことが推測されるのである[19]。

問９　史料１・史料２のような軍忠状などが現在まで大切に保管され，一方の史料３のような個人の心情を示すような書状がほとんど遺っていない理由は何だろう？

今回の実践案では，古文書自体の読み取りや考察と同時に，歴史史料（本時では古文書）が先人の努力によって遺された（⇔遺らなかった）意味を生徒に考察してもらうことも大きな狙いとしている。この問いをもって，今回の実践案で筆者自身が歴史を学ぶ意味を生徒へ伝える大事なメッセージと位置づけている。当時の武士たちにとって，軍忠状がどんな意味があるか，さらにその子孫にとってはどうだろうか。史料１・史料２が戦功認定のために楷書で整然と書かれており，公的な性格を帯びた大切な文書であることは理解できるだろう。やがてそれは子孫にとっては先祖の輝かしい業績の証となり，現在まで守り伝えてきたものである[20]。生徒自身に自分事として置き代えて考察させたい。生徒は賞状や通信簿などを想起するのではないだろうか。

これに対し，史料３－１は家族への私的な仮名書きの書状で紙質も悪い。本来ならば他人の目に触れることなく破棄されてしまうはずのものであった。生徒も現在でも破棄してしまう手紙や書類が山ほどあることが想像できるだろう。ただ，同時に大事な書類でも意図的に破棄されるものがあることにも留意させたい。現在でも当事者にとって不都合なものは隠ぺいしたり，破棄されてしまう。すなわち，現在我々が歴史史料として扱っているものは，史料３－１のように偶然発見されるものもあるが，それはきわめてまれな事象であること，現在遺されている資料の中にも先人の意図的な取捨選択があり，当時やその後の人びとにとって不都合なものや必要の無いものは破棄される可能性が高いことに気づかせたい。そして，教科書などの歴史叙述は，こうした様々な条件の下で現在まで遺された諸資料をもとにしてなされていること，今後も様々な解釈が成り立ち，歴史叙述も変化していく可能性がある点は[21)]，繰り返し生徒へ伝えていくべきであろう（以上，後半50分の授業）。

おわりに　課題と展望

以上，南北朝期の複数の古文書を主教材に，南北朝内乱期の武士の戦闘の実態やその心情を読みとり，あわせて歴史史料の保存・伝来の意味などにも言及した授業実践案を提示してきた。古代・中世の文献は総じて数も少なく，古文書学の知識も必要なため，教員も教材化を敬遠しがちだが，今回史料として用いた軍忠状は，崩し字ではないので生徒も取り組みやすい。前述したようにこの時期全国で大量に発給され，現在でも多く遺されている。各学校にゆかりの武士や地名も多く登場するため，地域教材としても汎用性は高いのではないだろうか[22)]。考古資料や実地踏査と組み合わせることで，より多角的な考察が可能となるだろう。一方，今回の実践案では当時の戦場での民衆や女性の動きなどは，扱うことができなかった[23)]。戦場での悲惨な状況ももちろんだが，内乱を生き抜いた民衆や女性のたくましさ・したたかさなどがうかがえる史料の教材化も今後は目指したいと思う。

また，今回の実践案では，教員側がワークシート内に問いを設定し，生徒に気付かせたい点や留意点を示しながら読解・考察を進めるという手法を想定した。『要領』も示すように「探求」では，生徒自身が資料から生じた疑問を問いにして考察へ進むのがより望ましいと思われる。ただ，前近代の文献史料の教材を用いた授業では，古文書学の知識のない生徒が史料を読み取り，教員も南北朝の複雑な政治状況を説明する解説が必要であることなど，相応の時間を要すると想定し，本案では史料を読み取る観点をワークシートに示すという誘導を行っている。この点は，本案を実践した後に生徒の反応や理解度，授業の進捗状況等を勘案しながら改善していきたい。

さらに「探求」科目で掲げられている『要領』の目標のひとつに，現代的な諸課題との関連がある[24)]。歴史を生徒自身の自分事として学んでもらうための新機軸と思われるが，単に日本の歴史的事象を学ぶ科目であるだけでなく，「現代の日本の諸問題」を見出し，考えて解決することを求めている。約700年前の南北朝の内乱期と現代を一概に比較するのはいささか乱暴であるが，それでも虚偽・誇張・喧伝・隠ぺいなど，戦場の中で情報が錯綜・混乱する状況は，生徒にも共感できる部分はあるのではないだろうか。現在我々は，世界各地から大量の情報を否応なしに受け取っている状況にある。その玉石混交の情報の中から正確な情報を見極め，歴史の諸事象に照らしながら分析する能力が，現代の生徒にこそ求められている。今後も生徒の周囲で起きている様々な問題を解決するためにも，歴史を学ぶ意味があることを伝えていきたい。

史料編

導入史料

Ⅰ　『太平記』（第三巻　笠置合戦の事）

【本文】

九月一日，六波羅の両検断，糟谷三郎宗秋，隅田二郎左衛門尉，五百騎にて，

宇治の平等院へ打ち出でて，軍勢の着到を付くるに，催促も待たざるに，諸国の軍勢，夜昼引きも切らず馳せ集まつて，十万余騎に及べり。

兵藤裕巳校注『太平記』(一)

【語釈】

＊六波羅探題…鎌倉幕府が京都六波羅に設置した出先機関。朝廷の守護や監視，西国の軍事・裁判や検断などにあたった。

＊検断…警察や刑事裁判権のこと。またはその行使。その任にあたる人物も指す。

＊着到…軍勢の到着したことを書き留めること。またはその帳簿。

【現代語訳】

元弘元（1331）年９月１日，六波羅探題に勤める糟谷宗秋と隅田二郎左衛門尉は，五百騎を率いて宇治の平等院にて集まってきた軍勢の参着したことを書き留めようとすると，到着を記す名簿を付けるまでもなく，諸国の軍勢が昼夜絶え間なしに馳せ集まってきて，ついに十万余騎に及んだ。

【解説】

元弘元（1331）年，後醍醐天皇が鎌倉幕府打倒を企てた元弘の変は，事前に六波羅探題の知るところとなり，天皇は京都を脱して笠置山に逃れ籠城した。六波羅探題の検断の任に当たった糟谷・隅田両武士が天皇の捕縛のために宇治の平等院で諸国の武士に動員をかけ到着を書き留めようとすると，催促をするまでもなくたちまち10万騎を越える軍勢が参集したという描写である。その後大軍の前に笠置山は陥落し，天皇は逮捕され隠岐島へ配流となり，代わりに幕府によって持明院統の光厳天皇が擁立された。

Ⅱ　『太平記』（第二九巻　桃井四条河原合戦の事）

【本文】

足利宰相中将義詮は，その比，京都におはしけるが，八幡，比叡，坂本に大敵を承けて，油断すべきにあらず，着到付けて勢の分際を見よとて，正月八日より，日々に着到を付けられけるに，初めの日は，三万余騎と註したりけるが，翌日は，一万騎に減ず。また翌日は，三千騎になる。「これはいかさま，味方の軍勢，敵になると覚ゆるぞ。道々に関を据ゑよ。」とて…

兵藤裕已校注『太平記』（四）

【語釈】

＊足利義詮（1330～1367）…足利尊氏三男。室町幕府２代将軍（在職1358～1367）。

＊勢…軍隊，兵力。

＊分際…数量や程度。

【現代語訳】

足利義詮は，そのころ京都にいらしたが，京都南部の八幡や東部の比叡や坂本に叔父の直義方の大軍が迫っていたため，油断せずに，味方の軍勢の名を付けて兵力を把握せよと命じて正月８日より毎日の軍勢の兵力を付けていたところ，初日は３万騎余と書き入れていたが，翌日には１万騎に減っていた。そのまた翌日は３千騎となっていた。「これはどうしたことだ，きっと味方が敵に寝返っていると思われる。道々に関所を据えよ」と……

【解説】

観応２（1351）年正月，父足利尊氏と弟の直義が対立した観応の擾乱において，尊氏の後継者の足利義詮は京都の守備を任されていたが，叔父直義の軍勢が京都周辺の八幡や比叡に集結し，攻撃態勢を整えていた。これに対し義詮も迎撃態勢を整えるため味方の兵力を把握しようとしたが，３万余騎とされた軍勢は次々に脱落して敵軍に投降したため，義詮は道沿いに関所を構えて味方の逃亡を防ごうとしている様子である。

史料１　楠木攻めで奮戦いたしました。名誉の負傷を認定してください

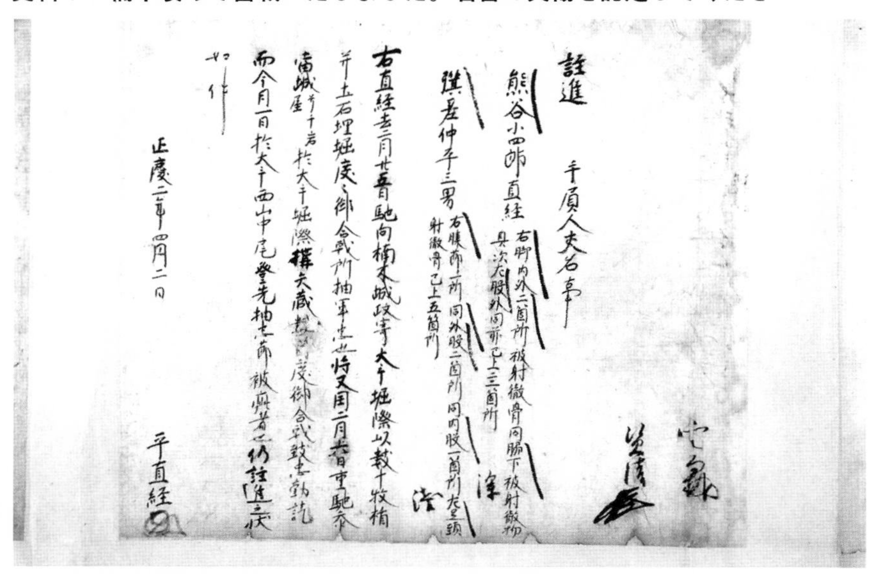

出典）山口県立文書館所蔵　写真提供　熊谷市教育委員会

• 寸法／30.9×35.6㎝　紙質／楮紙　形状／巻数装　「去二月廿五」の「五」，「閏二月六日」の「六」は擂り消した文字の上に書かれている。

【本文】熊谷直経合戦手負注文（『熊谷家文書』四二号）

「（端裏書）熊谷小四郎進　五　正慶二四二」

（証判）
「定恵（花押）」
資清（花押）」

註進　手負人交名事

熊谷小四郎直経　右脚内外二箇所被射徹骨，同脇下被射徹物具，次左股外同前，已上三箇所，「（異筆）深」

簾差仲平三男　右膝節一所，同外股二箇所，同内股一箇所，左足頸
射徹骨（被脱カ），已上五箇所，　「浅」（異筆）
右，直経去二月廿「五」日馳向楠木城，攻寄大手堀際，以数十枚楯
并土石埋堀，度々御合戦所抽軍忠也，将又，閏二月「六」日，重馳
参当城（号千岩屋）於大手堀際，構矢蔵，数箇度御合戦致忠勤訖，而今月
一日，於大手西山中尾登先，抽忠勤，被疵者也，仍註進之状
如件，

正慶二年四月二日　　平直経（花押）

【読み下し文】

「（端裏書）熊谷小四郎進す　五　正慶二四二」

「（証判）定恵（花押）」
資清（花押）」

註進す　手負人交名の事

熊谷小四郎直経　右脚内外に二箇所射徹され，同脇下の物具を射徹さる，次に左股の外同前，已上三箇所，　「（異筆）深」

簾差仲平三（景能）男　右膝の節一所，同外股の二箇所，同内股の一箇所，左足頸骨を射徹される，已上五箇所，「（異筆）浅」

右，直経去る二月廿五日楠木城に馳向い，大手堀際に攻め寄せ，数十枚の楯ならびに土石を以て堀を埋め，度々御合戦軍忠抽ずる所なり，将又，閏二月六日，重ねて当城（千岩屋と号す）に馳せ参じ，大手堀際において矢蔵を構え，数箇度御合戦忠勤致しおわんぬ。しかるに今月一日，大手西山中尾登先において，忠節を抽んじ，疵を被るもの也，仍って註進の状件の如し。

正慶二年四月二日　　平直経（花押）

【語釈】

＊『熊谷家文書』と熊谷氏…武蔵国熊谷郷（現埼玉県熊谷市）を本領とする御家人熊谷氏に伝えられた文書群。熊谷氏は承久の乱後に安芸国三入荘（現

広島市安佐北区可部町）を与えられ，一族の多くが西遷した。戦国期には毛利家家臣となって，257点余の家伝文書群が伝えられる。『大日本古文書家わけ14』所収。近年『熊谷市史』に全点鮮明な図版・解説を掲載した資料集が刊行された。

＊交名…人の名を列記した文書のこと。

＊簱（旗）差…戦場で主人の旗を持つ従者。

＊楠木城…元弘の変の際に後醍醐天皇に呼応して，鎌倉幕府軍を迎え撃つために楠木正成勢が立て籠もった赤坂城（大阪府南河内郡）をさすと思われる。

＊千岩屋城…千早城（大阪府南河内郡）のこと。楠木正成が赤坂城付近の金剛山中腹に築いた山城。赤坂城の落城のあと，正成はここで再度挙兵して幕府の大軍を迎え撃った。

＊正慶年号…大覚寺統の後醍醐天皇が，元弘２（1332）年の元弘の変で幕府から廃され，かわって持明院統の光厳天皇が擁立され，「正慶」と改元した。鎌倉幕府やそれを支持する勢力は正慶年号を用いた。正慶３年１月29日に廃され，年号は建武に統一された。

【現代語訳】

「熊谷小四郎（直経）が御報告いたします　正慶二（1333）年四月二日」

「（奉行ヵ）定恵（花押）」

「（奉行ヵ）資清（花押）」

註（注）進します　負傷者の名簿

熊谷小四郎直経　〈右脚の内外二箇所を骨まで射徹されました。同じく脇の下の甲冑を射徹されました。次いで左の股外も同様です。以上，四箇所〉　「（奉行の判定）傷は深い」

簱差役の仲平三景能の子息　〈右膝の節一箇所，同じく外股を二箇所，同じく内股を一箇所，左足頸の骨を射徹され，已上五箇所〉，　「（奉行の判定）傷は浅い」

右，熊谷直経は，去る二月二五日に楠木正成の籠る赤坂城に馳せ向かい，大手門の堀際まで攻め寄せました。数十枚の楯や土石で堀を埋め，度々御合戦をして軍忠に励んできました。また閏二月二六日には，再び楠木正成の籠る千早城と号する城に参り，大手門の堀際において矢倉を構え，数度合戦して忠勤いたしました。今（四）月一日，大手の西山中尾登先において，忠節を励んだ結果，負傷いたしました。以上，ご報告いたします。

正慶二（1333）年四月二日　　　　　平（熊谷）直経（花押）

【解説】

正慶２（1333）年２月25日，武蔵の武士熊谷直経は，従者とともに鎌倉幕府軍の一員として出陣し，楠木正成らが籠城する赤坂城，続いて閏２月６日の千早城，４月１日の同城への攻撃にも参加し，負傷した。翌日に傷の具合を列挙し，自身の軍忠を上申した文書である。こうした戦闘での負傷の様子を恩賞獲得のために記載して上申したものを，軍忠状の中でも手負注文という。

この合戦では，城の大手の堀を楯や土石で埋めたり，矢倉を構えて攻撃している様子がうかがえる他，直経自身の右脚の内外２か所・右の脇の下・左の股の計４か所，従者の仲平三景能の息子の右膝の節・右股の外２か所・右内股１か所・左足首の計５か所など，戦闘で負った傷の状況が具体的に記載されており，南北朝期の城攻めの状況をリアルに伝えてくれる史料である。

注目すべきは，合戦の戦功を認定する奉行人と思われる定恵と資清の両名が文書の袖（右側）に自らの花押（サイン）を付しており，おそらくこの奉行人たちが，記載された傷の具合と実際の直経らの傷の状況を検分したのであろう，二人の名前と傷の場所を記載した部分に「合点」と呼ばれるチェックの印が11か所付けられている。その検分の結果，直経の傷の具合は「深」い，従者は「浅」いと判定されて記載されたものと思われる。

先学によると，こうした手負注文の負傷の記載部分に合点を付けているものは他にも例があるが，「深」や「浅」のような検分の結果を記載したものは，この掲載文書の他『熊谷家文書』２点しか確認できていないという。鎌倉末期から南北朝期の戦場の戦闘状況とその認定をうかがうことのできる貴重な史料である。ただし，このような恩賞認定のための負傷具合の記録は，本来ならば認定する奉行側に遺るはずだか，何故申請している熊谷氏側の上申状に記載されているのか，その理由は不明である。

史料２　父が鎌倉攻めで戦死しました。大将に戦功認定を申請します

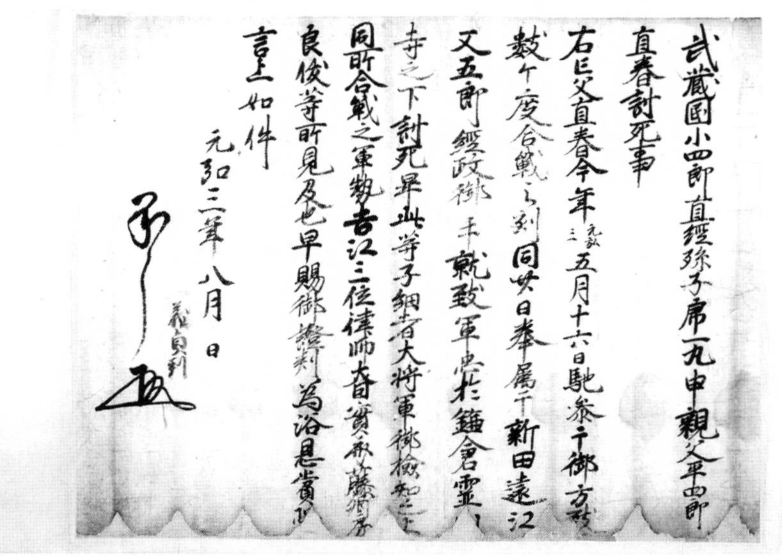
熊谷虎一丸
武蔵國小四郎直經孫子虎一丸申親父平四郎
直春討死事
右亡父直春今年元弘三五月十六日馳参于御方致
數ケ度合戰之刻同廿日奉属于新田遠江
又五郎經政御手就致軍忠於鎌倉霊山
寺之下討死畢此等子細者大将軍御検知之上
同所合戰之軍勢吉江三位律師
良俊等所見及也早賜御證判為浴恩賞
言上如件
元弘三年八月　日
義貞判

出典）山口県立文書館所蔵　写真提供　熊谷市教育委員会
・寸法／33.2×42.0㎝　紙質／楮紙　形状／巻数装　押紙「義貞判」あり

【本文】　熊谷虎一丸申状（『熊谷家文書』一一二号）
武蔵国小四郎(熊谷)直経孫子虎一丸申親父平四郎直春討死事
右，亡父直春，今年元弘三，五月十六日，馳参于御方，致
数ケ度合戦之刻，同廿日，奉属于(岩松)新田遠江
又五郎経政御手，就致軍忠，於鎌倉霊山
寺之下討死畢，此等子細者，大将軍御検知之上，

同所合戦之軍勢吉江三位律師奝実，斎藤卿房
良俊等所見及也，早賜御証判，為浴恩賞，恐（々）□
言上如件，

元弘三年八月　日
「義貞判」（押紙）
「承了，（花押）」（証判）

【読み下し文】

武蔵国小四郎直経孫子虎一丸申す親父平四郎直春討死の事

右，亡父直春，今年五月十六日，御方に馳せ参じ，数ケ度合戦の刻，同二十日，新田遠江又五郎経政御手に属し奉り，軍忠致すに就き，鎌倉霊山寺の下に於いて討死におわんぬ，此等子細は，大将御検知の上，同所合戦の軍勢吉江三位律師奝実，斎藤卿房良俊等見及ぶ所なり，早く御証判を賜り，恩賞に浴さんがため，恐々言上件の如し

元弘三年八月　日
「義貞判」（押紙）
「承り了んぬ，（花押）」（証判）

【語釈】

＊霊山寺…鎌倉の西に位置する極楽寺の東南の丘陵である霊山山の中にあった寺院と思われ，江戸時代の「極楽寺境内図」中に描かれている「仏法寺」がこれにあたる。近年，周辺の発掘調査によってこの一帯には「五合舛」と呼ばれる削平地があり，土塁を廻らせた遺構が確認された。この霊山寺一帯が鎌倉の西の防衛の要衝として認識され，幕府軍と新田軍との攻防戦が繰り広げられていたと考えられる。

＊新田義貞（1301～38）…上野の御家人。元弘３年３月まで鎌倉幕府の楠木攻めに参加していたが，５月に帰国して幕府打倒の挙兵をする。武蔵の所々で幕府軍を撃破して鎌倉に向かい，ついに同年５月22日に鎌倉の防衛

線を突破，鎌倉市街部に侵攻して北条氏を滅ぼし，鎌倉幕府は滅亡した。この功により，建武政権下では重く用いられた。

＊新田（岩松）遠江又五郎経政…新田義貞一族で鎌倉攻めの一方の大将を担っていたと思われるが，諸系図等には確認できない。新田一族内で「遠江」「又五郎」を名乗るのは，岩松氏が多いため，それに連なる人物と思われる。

＊「元弘」年号…鎌倉末期の元徳３（1331）年８月９日に後醍醐天皇が改元したが，元弘$_2$年に元弘の変で後醍醐天皇が幕府によって廃され，代わりに持明院統の光厳天皇が即位すると正慶に改元されたが，後醍醐天皇はその後も元弘年号を使用し続け，天皇に味方する勢力も元弘年号を使用した。元弘４（1334）年１月29日に建武と改元された。

＊吉江三位律師奝実，斎藤卿房良俊…両名とも武蔵武士と思われるが不詳。熊谷直春と一緒に新田軍に合流し，霊山寺下の戦いで一緒に戦い，直春戦死の証言を行ったと思われる。

【現代語訳】

武蔵国の（熊谷）小四郎直経の孫の虎一丸が申し上げます。父親平四郎直春が討死したことについて。

右，亡き父である直春は，今年の元弘３（1333）年５月16日に，味方に馳せ参じて，数回にわたって合戦した際，同20日，新田一族の岩松遠江又五郎経政の指揮に属して，軍忠を致しましたが，鎌倉霊山寺の下で討死いたしました。この詳細は，大将が御確認の上，同所で一緒に戦った軍勢の中で吉江奝実や斎藤良俊らも目撃しています。早く証拠としての証判を頂いて，恩賞に与りたいと思いますので申し上げる次第です。

元弘三年八月　日

（押紙）
「（新田）義貞」

（証判）
「承りました（花押）」

【解説】

熊谷直経（史料１で上申した人物）の子息直春が戦死したことをその子息である虎一丸が，恩賞申請のために軍忠を書き上げて上申したもの。直春は，元弘３年５月16日に鎌倉幕府打倒のために挙兵した新田義貞軍に合流し，義貞一族の岩松ヵ経政の指揮下で鎌倉の西の入口にあたる霊山寺（仏法寺）の下での戦闘で討ち死にした。この父の討ち死にという戦功は，大将もその事実を知っており，さらに同じ戦場で戦った吉江や斎藤といった武士たちも目撃していることを根拠に虎一丸が，恩賞を申請したものである。文書の奥（左手）には，「承了，（花押）」とあり，虎一丸の申請が認められたことを示す証判と上級者の花押がみられる。押紙（張り紙）はこれを「（新田）義貞の判」としているが，義貞の判の形状とは異なり，その比定は誤りである。

【関連年表１】鎌倉時代末期〜南北朝時代

…史料１，史料２の読み解きの際に政治背景の理解のために提示

1331（元弘１／元徳３）	５月	後醍醐天皇が鎌倉幕府に対し倒幕行動…元弘の変
	９月	幕府は後醍醐天皇を廃し，光厳天皇を擁立
1332（元弘２／正慶元）	３月	後醍醐天皇は隠岐に配流　光厳天皇，正慶年号使用 楠木正成が河内国千早城などで再挙兵。幕府軍と戦闘
1333（元弘３／正慶２）	５月	幕府の有力御家人足利尊氏，六波羅探題を攻略。同月新田義貞は鎌倉を攻略し，鎌倉幕府滅亡。【史料１】【史料２】
	６月	後醍醐天皇，帰京。建武の新政開始。
1335（建武２）	10月	足利尊氏，後醍醐天皇に反旗を翻す。
1336（延元元／建武３）	８月	尊氏は京都で光明天皇を擁立，幕府を京都に創設…北朝，

12月　後醍醐天皇は吉野へ脱出……南朝，60年余の南北朝動乱へ

1338(延元３／暦応元)～９月　南朝の北畠親房，常陸で北朝の武将高師冬と戦う…「常陸合戦」史料３－１，史料３－２，関連年表２へ続く

史料３－１　一武士の戦場から家族への手紙

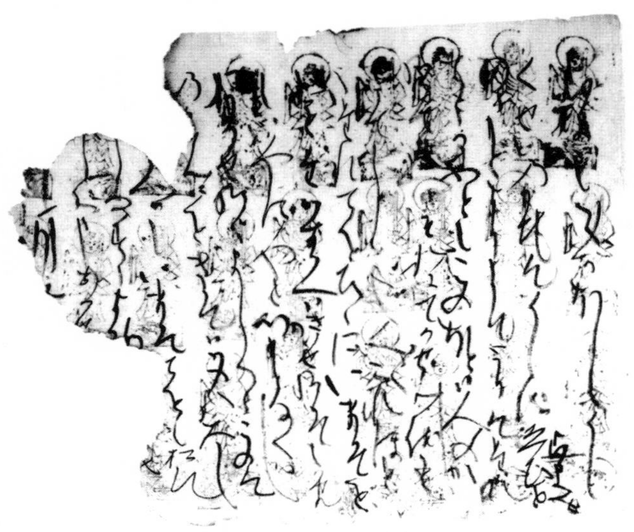

出典）高幡不動尊金剛寺所蔵　写真提供　日野市郷土資料館

- 寸法／26.1×31.0cm／前紙欠・後紙欠　紙質／楮紙　多数の不動明王の印が紙面に押されている

【本文】山内経之書状（『高幡不動胎内文書』四二号）

（前紙欠）

むま（馬）も身かほ（欲）しく候，むま（馬）を
くせいのも（持）ちて候しを，ゑひと
のゝもとより候て，とり（取）てたひ（給）
て候，かふと（兜）もこのほと（程）ハ人のかし（貸）
給て候へハ，それにてかせん（合戦）をも
き（着）てし候也，人ゝこれほと（程）
う（討）たれ，てをひ（手負）候に，いまゝて（今迄）を
おも（重）たハす候へハ，き（聞）かせ給候ても，かせん（合戦）
もいかやう（如何様）に候やと，心もと（許）なくハし
おもハせ給候ましく候，このて（手）
のかせん（合戦）ニをき候てハ，身の大し
□人々も，いまゝて（今迄）て（手）をもおひ（負）
□し（死）なす候，よろ□
□しく申あ（合）ハせ□
□（暦応二年）十一月□　（後欠）

【語釈】

＊くせい…供勢？　味方の軍勢の事ヵ？

＊ゑひとの…経之と同じ北朝方として参戦していた相模武士の海老名氏のことヵ？

＊おも（重）たハす…「辛くはない」の意味ヵ？

＊『高幡不動胎内文書』…武蔵国土渕郷（現東京都日野市）に所領を持つ山内経之が，又けさ（息子ヵ）や妻等に宛てた書状70余通や破片が，日野市高幡不動尊金剛寺の不動明王像の胎内から1990年に再発見された。書状は仮名書きで破損が激しく，裁断されており，紙面に多数の不動明王や大黒像の木版印が押されていた。『日野市史史料集　高幡不動　胎内文書編』

により，全点の写真掲載・翻刻がなされ，詳細な解説も掲載されている。

＊山内首藤氏と山内経之…差出人の山内一之は，名字から推測して相模山内荘を本拠としていた山内首藤氏のことと思われる。のちに一族の一部が備後国地毗荘（現広島県庄原市）に西遷して戦国期には毛利氏の家臣となり，萩藩士として近代を迎えた。『山内首藤家文書』を伝える。経之はその一族で，武蔵国土淵郷（現在東京都日野市付近）に所領を持っていたと推定される。経之は北朝方の大将高師冬（師直の甥）に召集されて，常陸や下総の戦闘に参加していた。

＊「常陸合戦」…南北朝期の1338（延元３／暦応元）年～1343（興国４／康永２）年にかけて，常陸や下総北部（現茨城県南部）各地において関東の南朝勢力の再編ために下向してきた北畠親房らと，高師冬（高師直の甥）など北朝の軍勢との間で行われた一連の合戦を近年は「常陸合戦」という。この戦いで師冬は，苦戦しながらも親房ら南朝方を駆逐し，関東での北朝の優位を確立した。

【現代語訳】

（前紙欠）

馬も欲しいです。味方の仲間が持っていた馬を（味方の）海老名殿のもとへ申して頂戴しました。兜も今回は他人が貸してくれるものを使って合戦をしている状況です。人々がこれほど討たれたり負傷しているのに，自分はこれまで負傷もせずにきていることから，合戦は大したことはないなんて思わないでください。　暦応二（1339）年十一月　（後欠）

【解説】

武蔵武士の山内経之が常陸の戦場から，本領のある武蔵土渕本郷（東京都日野市域）にいる息子「又けさ（まだ元服前ヵ）」に宛てて送られた一通であると推定される。前後とも欠損。自身の騎馬や具足は不足していて，馬を欲している。馬は味方の軍勢から借り，兜も無くしたようで，味方のえひ（相模出身の武士海老名氏のことヵ）殿から調達して戦闘を続けている様子がうかがえる。戦況は激烈を極め，敵味方を問わず戦死者が続出している中で，自分だけは不思議と負傷もしていないと息子に書き送っている。暦応２（1339）年10月より，経之の属する高師冬の北朝軍は，南朝勢力の拠点である駒城（茨城県下妻市）の攻撃を開始していたが，まもなく経之の書状も途絶えてしまう。経之の書状群が地元の高幡不動金剛寺の不動尊胎内に納められたことや，書状の全面に仏像の印判が押されている状況から，不慮の死を遂げた経之の供養のためと考えられる。経之がこの合戦の中で戦死したと考えられよう。

史料３－２　『高幡不動胎内文書』中の主な文書の意訳

冒頭の番号は『日野市史史料集　高幡不動　胎内文書編』の所収番号

２号　三月十□日，経之書状，高幡不動あるいは関戸観音堂の僧宛ヵ

「余りにも諸事が重なって手紙を書くことができませんでした。親戚の彦六郎が僧「かくしん」の領内を荒らしたことも，（近隣領主の）高幡殿・新井殿へ申そうとも思いましたが，あまりにも面目無いので，（やはり近隣領主の青柳）三郎殿へ申す事も人の道に背くように思い，恥じ入って言うことができませんでした。」

４号文書　月日不明，経之書状，又けさ（経之の息子）宛

「百姓に天役（臨時課税）をかけたのに，今日に至るまで未納していることをききました。家来の八郎四郎・太郎二郎入道に申し付けて，作物に札を立てて差押えをしなさい。その他にも異議申し立てをするものがあるならば，こちらに知らせてください。」

23号　（暦応二年）八月か，経之書状ヵ，宛所不明

「都合の良い便があるので手紙を送ります。戦場の常陸への下向が延び延びになっているので，人々は長期滞在を嘆いています。十三日には出発と思っていましたが，まだ実行されません。高幡殿も下向するとのことです。」

25号　八月か（暦応二年），経之書状ヵ，関戸観音堂の僧侶宛

「御文の旨は詳しく承りました。常陸下向も今日明日といわれているけれど

もいつのことかわかりません。大変心苦しいのですが，新井殿から借用して何とか銭を送ってくださいませんか。十六日に出発と聞いています。」

34号　暦応二年ヵ月日不明，経之書状，僧の御方・六郎殿宛

「下総下河辺荘の向かいに着きました。戦場に下向しない人は，所領を没収されると言われています。出陣に異議を唱える人などは本領までも取られるという噂もあります。武蔵国笠幡の北方の「しほえ殿」もこの処置にあったらしい……。いかにしても銭二，三貫文欲しいのです。高利貸しの大進房に頼んで銭五貫を借りてください。」

39号　（暦応二年）十月二十八日，「下総国山川より」経之書状，又けさ宛

「合戦といい，留守のことといい心細いことは言いようもありません。逃亡した経之の家来の従者の人数を書いて送ります。この者どもは一人も漏らさず，捕えてこちらへ送り返してください。これを違えるならば，親子とも思いません。越中八郎の従者，やつの従者，紀平次が従者……この者どもがどうしても来ないならば，その親をよこしてください。大久保の弥三郎やまだ下っていない者どもについては，その後しばらくして参るように申し付けてください。」

42号　（暦応二年）十一月，経之書状ヵ，又けさ宛ヵ

45号　（暦応二年）月日不明，経之書状ヵ，又けさ宛ヵ

「過日のお手紙くわしく承りました。文面にあるように私が留守中にかいがいしく働く者がひとりもいないことは心細いことですが，何事も（留守の家来に）申し付けていますし，またあなたもまあ元気にしている様子なので何も申しません。かねてまたこの合戦の私の働きについて大将の高師冬殿も万事悦ばれ，お褒めの言葉をいただきました。たとえわが身は死に至るとも，大将や一揆の人々がいる限り安心です。」

※意訳にあたっては，『日野市史　史料集　高幡不動胎内文書編』の注釈や解説，『日野市史』通史編第二章（峰岸純夫氏執筆分）の記述を参考に筆者が本実践案で必要な部分を選択・再構成した。

【関連年表２】関東の南北朝動乱「常陸合戦」の推移

…史料３－１，史料３－２の読み解きの際に歴史的背景の理解のため教員から解説に使用

1338(延元３／暦応元)	５月	南朝の北畠顕家戦死，閏７月　新田義貞戦死…南朝劣勢
同年	９月	南朝の北畠親房，常陸東条浦（霞ヶ浦）に漂着，常陸南部の小田城・大宝城・関城を拠点に活動
1339	４月	北朝は高師冬（師直のいとこ）を派遣，９月　師冬，武蔵より常陸へ出撃
	10月	師冬の陣営から脱落者が続出，北朝方敗走 このころ親房，小田城で『神皇正統記』執筆 山内経之の書状は11月で途切れる
1340(興国元／暦応３)	５月	師冬，常陸へ再出兵。11月　南朝方の拠点小田城が陥落
1343(興国４／康永２)	11月	南朝最後の拠点関城・大宝両城が陥落，親房は吉野に帰還

…「常陸合戦」終結…５年余にわたる関東の攻防戦終結し，関東での北朝の優位確立

【注】

1)　『高等学校　学習指導要領解説　地理歴史編』文部科学省編　平成30年告示

2)　歴史学では文献を中心に「史料」というが，学校教育の現場では，文献・遺跡・絵画・証言・研究論文などすべてを総称して「(歴史）資料」ということが多い。本章では本書全体の方針により，可能な範囲で「史料」で統一して表記する。

3)　「探究」を中心テーマとして実施されたシンポジウムとしては，立教大学日本学研究所主催「はじめての日本史探究―歴史教育と歴史学の幸せな関係を求めて―」(2023年３月26日　立教大学池袋校舎）が開催された程度である。また，大学教員と高校教員が歴史教育について研鑽している高大連携歴史教育研究会では，会員の授業実践の成果を集積した教材共有サイトを立ち上げているが，その多

くが「歴史総合」を視野に入れた近現代史分野が多い。当会ホームページ https://kodai-kyozai2.org/unit/

4) 博物館でも古文書など文献史料の展示には，来館者も興味を示さずに素通りするか，キャプションの説明ばかりを読んでいるという。歴史教育の史料の教材化と相通ずるところがある。拙稿「中世古文書を教材化する試み―新教育課程の歴史科目導入を前に―」(『日本史攷究』45，2021年（以下，拙稿ａ)），同「『日本史探究』とこれからの博学連携」(『博物館研究』651，2022年）など。

5) 今回の『学習指導要領』文部科学省　平成30年告示（以下，『要領』）には，「歴史総合」や「探究」内容の生徒への配慮事項として，「教科書などの歴史叙述が諸資料の読解に基づいて記されることを理解すること」，「歴史的事象には複数の解釈が成り立つことに気付かせ，その叙述には諸資料の検証と論理性などが求められるように気付くようにすること」が新たに示されている。

6) 拙稿「中世鎌倉人に思いを馳せよう」(『地方史研究』394，2018年)，同「『足利持氏血書願文』を一緒に読もう」(地方史研究協議会編『日本の歴史を解きほぐす』文学通信社，2020年，拙稿ａ）など。

7) 今回の実践案の作成にあたっても，多くの歴史学の成果を援用している。【参考文献】を参照されたいが，特に佐藤進一氏，漆原徹氏，松本一夫氏の南北朝期の軍忠状の分析や恩賞申請のシステムの研究，小川信氏・峰岸純夫氏の『高幡不動胎内文書』の解説とその分析には，授業の問いや資料の理解などで多大な恩恵を受けている。学恩に感謝するとともにあらかじめお断りしておきたい。

8) 2023年度発行の実教出版『精選日本史探究』第四章 中世社会の展開「―南北朝の内乱―」74-75頁の単元では，本文記述ではないものの，コラムとして「内乱と武家の女性」や「武士の手紙―家族へ―」を取り上げ，戦乱の中の武家の女性の役割や，本章でも取り上げる『高幡不動胎内文書』から家族を思う武士の心情を紹介して従来の教科書本文記述とは違った側面から内乱の様子を捉えようとする試みがみられ，本章も大きな示唆を受けた。ただ残念ながら，コラムという短い記述のため，生徒が考察を深めるには不十分であり，教員が具体的な史料を精選して教材化することが求められる。

9) 『要領』の「日本史探究」では，Ａ原始・古代，Ｂ中世，Ｃ近世，Ｄ近現代と時代を4つの大項目に分けているが，Ａ～Ｄ全ての中で，「時代を通観する問いを表現」し，「諸資料を活用し」て「時代を通観する問いを踏まえ，課題を追究したり解決したりする」ことが求められている。また，『解説』には，「時系列に関わる問い」(時期や年代・過去の理解)，「諸事象の推移に関わる問い」(変化と継続)，「事象の比較に関わる問い」(類似と差異・意味や意義と特色)，「事象相互のつながりに関わる問い」（背景や原因・影響や結果・転換や画期），「現代とのつながりに関する問い」（歴史と現在・歴史的な見通し，展望・自己との関わり）などに分類し，多くの「問い」が例示されている。

10）『解説』には，教員が提示する資料として，「一つの歴史事象に対し，異なる立場や国・地域，時代から書かれた多角的な資料」，「視覚的・客観的に事象の変化や推移が読み取れるグラフや表などの統計資料」，「時間的・空間的な把握がしやすい年表や地図などを組み合わせて提示」，「世界の中の日本の位置づけが捉えられるような国際環境に配慮した資料」，「生徒が居住・通学する周辺に遺る身近な地域資料」，「現在とのつながり，生徒も自分事の問題関心として感じられる資料」などを挙げている。

11）過去に筆者が勤務校で行った授業実践でも，公的な武家文書ならば，古文書学を学んでいない生徒でも難解な語句は別として，全体の大意は読み解くことができている。

12）複製とはいえ，古文書の複製を配布したときの資料に対する生徒の第一印象を大切にしたい。注６）拙稿を参照。本来ならば，紙質や墨色など内容以外の古文書の持つ魅力にも言及したいが，本実践の趣旨ではないので教員から細部の解説には深く立ち入らない。

13）霊山寺（仏法寺）の理解については，鎌倉市教育委員会『神奈川県鎌倉市五合桝遺跡（仏法寺跡）発掘調査報告書』（2003年），鎌倉市教育委員会世界遺産登録推進担当編「五合桝遺跡（仏法寺跡）発掘調査の概要」（2003年）など。

14）史料３－１の『高幡不動胎内文書』の発見の経緯や概要については，参考文献中の小川信氏の諸論考，『日野市史　史料集　高幡不動胎内文書』の解説に多くを拠っている。

15）いわゆる「常陸合戦」については，参考文献の『関城町史　中世関係史料　史料編３』や『関城町史　通史編　上巻』四章（市村高男氏執筆分）が詳細であり，それに拠りながら【関連年表2】も作成した。

16）今回はワークシートの中に①～④のように観点を示したが，あえて観点を示さずに生徒に自由に考察させた後に教員が整理していく展開もよいだろう。授業の進捗状況，受講生徒の理解度などの状況に合わせたい。

17）山内経之の惣領家にあたる山内時通もこの常陸合戦に参加していたが，多くの味方が勝手に帰陣してしまう中で，忠節を尽くしている旨を大将の高師冬から賞されている（暦応２年12月13日「高師冬奉書」山内首藤家文書『大日本古文書』家わけ15所収）。時間があれば，参考史料として提示するのもよいだろう。

18）今回の『要領』における「歴史総合」「日本史探究」の内容の取扱い部分では，「年表や地図，その他の資料を積極的に活用し，……（中略）……具体的に学ぶように指導を工夫すること。その際，歴史に関わる諸資料を整理・保存することの意味や意義に気付くようにすること」が新たに追加されている。

19）こうした南北朝期の軍忠状や軍事編成システムの理解や解説については，注７）の佐藤・漆原・松本各氏の研究成果に拠っている。

20）史料２の問３の⑤とも関連する。史料２の証判の花押には，後世に別紙で「義貞」と書込まれているが，その花押は新田義貞の形状ではない。『熊谷家文書』を後世に伝え，整理してきた子孫の方のアイデンティティーなどにも及ぶ問題として，生徒にも考察させたい問題である。後考を期したい。

21）注５）参照。

22）『要領』中の「探究」の内容の取扱いでは，「活用する資料の選択に際しては，生徒の興味・関心，学校や地域の実態などに十分配慮して行うこと」とある。

23）武家の女性の領主も出陣することが求められていた。「常陸合戦」でも相馬長胤の後家尼は自身のかわりに代官を派遣し，指揮官から着到の証判を得ている（暦応２年７月16日 「相馬長胤後家着到状」相馬岡田文書『史料纂集8 古文書編 相馬文書』所収)。注17）同様，時間があれば，参考史料として提示するのもよいだろう。

24）『要領』の「探究」の目標には，「社会的事象の歴史的な見方・考え方を働かせ，課題を追究したり解決したりする活動を通して，広い視野に立ち，グローバル化する国際社会に主体的に生きる平和で民主的な国家及び社会の有為な形成者に必要な公民としての資質・能力を次のとおり育成することを目指す」，「我が国の歴史の展開に関わる諸事象について，よりよい社会の実現を視野に課題を主体的に探究しようとする態度を養う」等が掲げられている。

【参考文献】

漆原徹『軍忠状とその世界』（吉川弘文館，1998年）
大串潤児ほか執筆・編集『精選　日本史探究』（実教出版，2023年）
小川信「南北朝期における在地領主の実態と合戦の一断面—高幡山金剛寺不動明王像胎内文書に見る—」（『国学院大学大学院紀要—文学研究科—』22，1991年）
小川信「高幡不動胎内文書の解明と問題点」（『武蔵野』326，1995年）
小川信「高幡不動胎内文書の評価と反響」（『日本歴史』581，1996年）
熊谷市教育委員会『熊谷市史　資料編２　古代・中世　本編』（2013年）
熊谷市教育委員会『熊谷市史　資料編２　古代・中世　写真集』（2013年）
熊谷市教育委員会『熊谷市史　通史編　上巻　原始・古代・中世』（2018年）

佐藤進一『新版　古文書学入門』（法政大学出版局，2003年）
関城町史編さん委員会編『関城町史　史料編Ⅲ　中世関係史料』（1985年）
関城町史編さん委員会編『関城町史　通史編　上巻』（1987年）
日野市史編さん委員会『日野市史史料集　高幡不動　胎内文書編』（1993年）
日野市史編さん委員会『日野市史　通史編２上』（1994年）
兵藤裕己校注『太平記』（一）～（六）（岩波書店，2014－2016年）
松本一夫『中世武士の勤務評定』（戎光祥出版，2019年）
松本一夫『鎌倉時代の合戦システム』（戎光祥出版，2022年）

第6章

授業実践例④　私立学校における自治体史を活用した地域史学習
——中世武士の大井氏・品河氏を題材に——

前田　理志

は じ め に

筆者の勤務校は，品川区西五反田に位置する私立の中高一貫校である。私立校であるため広範囲から生徒が通学しており，生徒自身に親しみのある地域ではないという点で地域史を扱うことは難しいが，大井や品川という地名に関しては多くの生徒が認知している。そこで勤務校周辺にゆかりのある中世武士の大井氏・品河氏を題材として地域史学習を行った。

そもそも地域史を学ぶ目的として，生徒のもつ英雄史観を相対化したいという思いがあった。英雄史観は歴史を語るうえで，武勇伝などがあり面白く，歴史愛好者のすそ野を広げるうえではメリットがあろう。しかし，歴史は「英雄」が作るもの，として歴史を身近に感じられない，また，現実の政治においても「英雄」が決めるものとして，主権者意識の希薄さにもつながりかねない。そのため，地域史を学ぶことで，生徒が自分たちも歴史の当事者であるという気付きを生んで欲しい[1)]という問題意識のもと授業を実践した。

授業の目標は，以下の３点に設定した。

① 地域の歴史を学習することで，身近な地域と教科書叙述を関連付ける。

② 史資料を活用するとともに，その保存の意義を考える。

③ 他教科・他科目の学習との関連性を意識した学習をする。

近年は博学連携の実践は増加しているが，自治体史を活用した授業実践は少数である[2)]。そこで，本実践では『品川区史』[3)]や品川区立品川歴史館の特別展図録[4)]に掲載されている史資料を主に用い，地域に関係のある中世武士について学習した。勤務校では中学3年次に，総合的な学習の時間として2時限連続の選択授業を開講している。本実践はその授業の報告であるが，高校の「日本史探究」の授業にも応用できるものと考えている。

なお，前時ではこれに先立って学校周辺のフィールドワークを実施した。台地を実感できる坂や目黒不動尊，西霧ヶ谷公園などを回ることで，目黒台の地形[5)]や先史時代の遺跡，小字などの地名[6)]を生徒たちは学んでいる。

1．大井一族について

実践報告の前に，大井氏・品河氏について概観する[7)]。

大井氏・品河氏はそれぞれ武蔵国の大井郷・品川郷を本拠地としたとされる紀姓の武士であり，『尊卑分脈』[8)]によると紀長谷雄の子孫で国司などを輩出する家系であったが，12世紀後半の実直の代に武蔵国に留住し，次男の実春が大井氏を名乗った[9)]。実春の弟で三男の清実が，品河氏の祖である。他の兄弟たちも春日部氏・潮田氏・堤氏を名乗っており，それぞれが江戸湾や河川付近を本拠として水運の要地を押さえる領主であった[10)]（章末の大井一族略系図を参照）。

大井氏・品河氏ともに御家人として活躍したことが『吾妻鏡』や古文書などからうかがえる。大井実春は平家残党の追討[11)]や源頼朝による二所詣の供奉の交名[12)]などに登場し，文治元（1185）年の勝長寿院供養の際には，畠山重忠・三浦義澄・北条義時などとともに頼朝の先陣随兵を務めている[13)]。子の四郎秋春へは，大杜郷・永富郷（いずれも現・大田区大森地域），伊勢国の地頭職，鎌倉の屋敷を譲与している。

品河清実は，治承・寿永の内乱で源範頼に従い九州へ出兵している[14)]。品河氏は西遷御家人でもあり，紀伊国聖護院領粉河荘丹生屋村地頭として高野山領名手荘の住人と相論したことは有名である[15)]。

以上のように大井一族は治承・寿永の内乱や奥州合戦，承久の乱で所領を拡大した武士団であり，分割相続や西遷，鎌倉屋敷の存在など，典型的な御家人であったと言える[16)]。また，紀氏ということで紀伊国や伊勢国にもゆかりがあり，水運に長けていたという指摘もあり[17)]，それが彼らの特色と言ってよいだろう。

2. 実践報告

(1)　系図を考える

まず『尊卑分脈』の紀氏系図を生徒たちに見せ，読み取れる情報を発表させた。彼らは「大井氏・品河氏は兄弟」「大井氏・品河氏どちらも『實』という字が名前に使われている」「大井氏の人たちは左衛門尉が多くいる」などという感想を残していたが，現代の子どもにとって親の字を受け継ぐということが新鮮であったようで，筆者にとっては意外であった。また，左衛門尉について気になった生徒は，学校から貸与されているノートパソコンで「左衛門尉」を検索し，都の武官であることを確認していた。

筆者はこの後に武士が都周辺出身であり，王権の守護者としての性格も強いことを解説した[18)]。紀氏が山城介・摂津守などを輩出した下級貴族であり，左衛門尉や武者所を務める存在だったことから，紀実直は京武者と想定され，子の実春や清実の代に武蔵国に土着したのであろう。生徒は武士＝地方の人々が武装をした存在，という漠然としたイメージを抱いており，実際の系図を使用することで，読み取った情報からそのイメージを相対化した。

つづいて『吾妻鏡』[19)]を用いて大井氏・品河氏の活動を学んだ。昨年の大河ドラマの影響もあってか，人名になじみのある生徒も少なくなかった。生徒たちは教科書に載っているような，いわゆる歴史上の有名人（源頼朝・北条義時など）と一緒に名前が出てくることに素朴な驚きがあるようで，そのようなささいなことでも，地域の歴史に目を向けるきっかけになるだろう。

(2) 源頼朝下文（史料１）[20)]

次に品河清実へ雑公事の免除を認めた源頼朝下文を教材とした。本文書は信憑性に疑問があるとされているが[21)]，その真偽も含めて教材になると考え使用した。配布プリントに釈文を載せ，東京大学史料編纂所データベースの影写本[22)]を参照させたうえで，源頼朝の下文が御家人にとってどのような意味をもつのか考えさせた。

まず，生徒に編纂所データベースの画像から何を思うか発問したところ，「サインが描いてある」，「何かの証明書」などと反応があった。

次に生徒には偽文書である可能性も伝えたうえで，なぜ頼朝の偽文書が作られたのかと発問し，「頼朝の価値が高かった」という結論に至った。

本文書は「品川」の初出文書であり，頼朝だけでなく大江広元も登場する興味深いものであるが，花押の形や様式，文言に疑問が付けられている。しかし，歴史の教材としてはなぜ偽造されたのかを教材とするのも有用であろう。頼朝に仮託するほど，彼の価値が高かったという人びとの思いがそこには感じられる。「お守り」と表現した生徒もいたが，いみじくもその性格を表している。

(3) 関東下知状（史料２）[23)]

授業プリントには釈文も載せてあるので，この史料が「地頭の任命を行っているもの」という感想は出てきたので，次に地名の２か所目（武蔵國南品川郷桐井村）はどこを指しているかと問うた。しばらくすると，学校付近の地名である「桐ケ谷かも知れない」と気付いた生徒が出てきた。また，所領の分布から何が分かるかという問いには，「伊勢国などバラバラに地頭を置いている」「奥州藤原氏から奪った」などの答えがあった。

本史料は品河清実の子である経清の地頭職を安堵したものである。「南品川郷桐井村」を近世の桐ヶ谷村とみなせば[24)]，勤務校の所在地が品河氏の所領であったことになる。

そして，この下知状からは「一所懸命」というイメージも相対化できるであろう。一円地を支配していたと考えがちであるが，広範囲にわたる遠隔地を支配していた武士も存在していたことを史料から学べる。また，清実の陸奥の所領は，奥州合戦による新恩給与と思われるが，現在のロシアとウクライナとの戦争も念頭において所領の拡大と戦争が不可分であることを意識して伝えた。

ここでは源頼朝下文（史料１）の「仍下知如件」と関東下知状（史料２）の「依仰下知如件」の語句も比較した。下文では頼朝が下知の主体であるが，下知状の方では鎌倉殿の仰せを下知しているのは執権であり，ここでは北条義時であるが執権の地位を文書から実感できる上，北条氏が平氏であることもわかる。源平合戦の言葉に引っ張られ，北条氏が平氏であることを意外と感じる生徒もいたので，これも史料を使った授業の有用性であろう。

(4)　将軍家九条頼経政所下文案（史料３）[25)]

将軍家政所下文案については，生徒も慣れてきたのか「承久の乱について書いてありそう」などという反応がすぐにあった。本史料は承久の乱の恩賞として給与された所領についてのものである。地頭職に補任されている品河四郎入道成阿（品河春員）は『吾妻鏡』の手負注文[26)]に「品河四郎」としても記されており，『吾妻鏡』の記事が文書からも確認できる。史料と一口に言っても一次史料と二次史料の違いがあり，そこを混同しないよう注意を促した。

なお，この史料にも鎌倉殿の「仰」が出てくる。源氏将軍が断絶してしまうと，鎌倉幕府の将軍の影が薄くなってしまいがちであるが，実朝以降も鎌倉殿がいたことを文書からも実感してほしかった。

(5)　大井蓮実譲状写（史料４）[27)]・大井頼郷譲状写（史料５）[28)]

大井氏本家は室町時代に没落するも，養子関係などで薩摩の祁答院氏などに伝来した文書が「大井文書」[29]である。中世の武蔵武士の一端を知る貴重な史料で，10通の内，１通が正本で残りは写本であるが，これらに登場する大井秋春の存在は，『尊卑分脈』に記載がなく大井文書によって詳細が判明する。

この実践は古文書の読解が趣旨ではないので，基本的には授業プリントの釈文を使って連想ゲームのように読解していった。史料５は女性への相続や分割相続が記されている仮名交じりの書状であり，史料４と比較すると共通点が見えてくる。史料４では「武蔵國荏原郡内大杜・永富両郷地頭職，伊勢國鹿取荘内上郷地頭職」と漢字で書かれているが，史料５だと「むさしのくにゑわらのこほりの内大もりなかとみ両郷」，「いせのくにかとりかみ郷ちとうしき」と仮名交じりで書かれている。また，史料４では「鎌倉屋地」としか書かれていないが，史料５には「鎌倉之地一所いまこうち」と記されており，大井一族の鎌倉屋敷が今小路にあったことが判明する[30]。

これらにより，ひとつの史料だけでなく，複数の史料を参照することで歴史をより多角的に見ることが可能となり，史料の積み重ねにより歴史の解釈がなされていることを学ぶことができるのではないか。

(6)　地頭の役割（六波羅探題北条重時召状（史料６）[31]・関東御教書案　（史料７）[32]）

品河氏は紀伊国粉河荘丹生屋村の地頭として，同国高野山領名手荘住人と相論したことが知られている[33]。これらの史料はその一端が分かるものである。

生徒は「用水・山畑で争っている人の仲介をしている」ということを読み取っていた。中学校の歴史教科書にも阿氏河荘での地頭の横暴が記述されており，地頭による荘園侵略という文脈で捉えがちな地頭と荘園の関係性であるが，本実践では地頭の治安維持の役割の側面を強調した。もちろん，地頭が単純な「正義の味方」であるわけではなく，荘園領主と同じく支配者の性格があるので，前述の面を強調するのも問題があるが，それも史料の恣意性を意識させるようにした。

(7)　教科書との比較と振り返り

次回までの宿題として本実践の内容と，教科書叙述[34]との比較をしてきてもらった。

- 「教科書では『地頭』＝『税を徴収する人』という表現が強かったのに対して，実際は治安維持など町の平和につとめていた」
- 「教科書では支配と書かれていたが，支配するだけでなく訴えなどの役割をしていたことが分かった」

感想の一部であるが，地頭の「非道な」イメージは相対化できたのではないだろうか。しかし，多くの生徒の作業が最後に扱った地頭の話に集中していた。筆者としては，武士の成立・御恩と奉公などにも目を向けてほしかったが，このことについては後述する。

3．実践の総括

(1)　目標の振り返り

それでは冒頭で設定した目標へ言及しながら，本実践の総括をしていく。

① 地域の歴史を学習することで，身近な地域と教科書叙述を関連付ける。

学校所在地が中世武士の所領であった可能性を紹介したが，やはり自分たちと関連する土地が約800年前の武士の所領であったことに興味はわいたようであった。高等学校の教科書には小山朝政宛ての源頼朝下文が頻出しているが，各地域に合わせた史料を使用することで，生徒の興味をひくことができるのではないだろうか。

また，単に紹介で終わるのではなく，史料を活用し読み取ることでその地に生活していた人々がいたことを実感できるであろう。そして現在は我々がその地に生活しているので，その共通点や相違点にも気づきを生むことができるだろう。

また，「無味乾燥」とされがちな教科書が，膨大な史料の解釈によって構成されており，その積み重ねによって叙述がなされているという根拠が分かる。そして，地域の歴史がまったく教科書叙述と断絶しているわけではなく，互いに影響を与えていることも合わせて言及することも大切である。

② 史料を活用するとともに，その保存の意義を考える。

本実践ではデータベースや史料集・博物館図録などを使用することで，史料にアクセスした。東京大学史料編纂所をはじめ諸機関のデータベースも整備されてきており[35]，地域の公立図書館に所蔵されている自治体史や関連図書にも史料や図版などが収録されている場合もあるため，史料を活用する利便性は向上している。

また，本実践で使用した『吾妻鏡』は国史大系本を使用したが，その理由のひとつは勤務校の図書室に所蔵されているからである。現在は高橋秀樹氏による『新訂　吾妻鏡』[36]が刊行中であり，史料としてもこちらが良質であるが，生徒の利用のしやすさを考えて大系本を利用した。これらは各学校の特徴に合わせて，教材に利用するのがいいだろう。

歴史叙述は史資料の存在が重要であるが，史料を利用することでそれらを保存する必要性も実感できるだろう。史料が保存されてきたために，その叙述がなされているのであって，失われてしまえば無かったことになるか，分からなくなってしまう。

そして，なぜ残されたか，ないしは作られたかも検討する必要がある。本実践で使用した源頼朝下文は偽文書の疑いもあることは前述したが，偽物を作るだけの価値が頼朝に存在した。また後世の人間にとっても，頼朝の文書は守っていくべき価値があると判断されてきたので今まで伝来してきている。そこに人々の思いが詰まっていることを感じてほしかった。

③ 他教科・他科目の学習との関連性を意識した学習をする。

本実践では地理と古文との関連を意識した。

前時のフィールドワークでは学校周辺の台地と低地の違いや川沿いにあった田んぼの跡地などの地形を確認したが，これはその地に生活をしていた人々の痕跡を知るために実施した。もちろん，すべてが中世にさかのぼるとは限らないが，地名や地形など土地の記憶を学ぶことは重要であろう。勤務校周辺には「谷在家」という小字があったが，中世からの土地利用も推測できる[37)]。現在でも，橋や公園の名前に旧小字名が使われている場合もあるが，特に都市部においては，再開発などで地名や地形が失われてしまう（失われてしまった）こともあるので，それらも貴重な史料・文化財のひとつであることを生徒にも認識してほしい。前項の目標とも関係するが，文化財は博物館のショーケースに収まっていたり，国宝に指定されていたりするだけではなく，我々の身近にもあることに目を向けることで，文化財保護・伝承の必要性を気付くことができたのではないか。

史料で『国史大系』を使用したもうひとつの理由が，返り点の存在である。白文ではないので，生徒の漢文の知識を活用して読解に挑んでもらった。未知の世界にアクセスできるのが，「なぜ漢文を学んでいるのか」の答えのひとつになるだろう。

関連する生徒の感想を紹介すると，

- 「偽造されている書状が多いが，その一方で数多くの書状から当時の様子が分かるのはすごいと思った」
- 「今回の書物の解読に関して，漢字だけで意味をくみ取ることが楽しかった。また，鎌倉時代の地頭や，もめごとの審判のあり方などが学べて興味深かった」

生徒の感想を見る限り，目標は一応達成できたのではないかと考える。

(2)　自治体史の活用

全体にわたって本実践では自治体史を活用して授業を展開した。授業全体への感想では，「地域史について今まで自分はほとんど知らなかったのですが，今回の授業などを通じて自分の地域史へ興味をもつきっかけになればいいなと思いました」などといった地域史への関心を示す感想も多かった。生徒にとって一般的な教科書叙述より多少は身近な話題であり，そして史料に触れることで，意外な学びも出てくる。系図の箇所で言及したが，筆者にとっても想定外の答えもあり発見もある[38)]。

また，地域史を学ぶことで教科書のベースとなっている国家史にとらわれない学習を展開でき，その記述も相対化しうる。前述した目標①と矛盾するようではあるが，中央の歴史と地域の歴史は時代区分なども連動するとは限らない。

今回の実践の反省点の第一は，釈文に返り点を打つか否かである。生徒に配布した授業プリントは史料の雰囲気を味わってもらい，かつ筆者の解釈が入らないように白文を掲載した。漢字だけで意味が分かって楽しかったという感想の生徒もいたが，漢字だらけのプリントに苦戦している生徒も多かった。古文書学ではないので文書形式などは深掘りをしなかったが，それを題材としてもよかった。

第二は文書量が適切であったかどうかである。一点目とも関係するが，文書の数を減らして，ひとつずつの史料を詳しく分析することもできたかもしれない。生徒による教科書叙述との比較についても，最後の地頭の話に集中したのは文書の分量が多いことにより，前半の内容の印象が薄れたことも要因であろう。

そして筆者の力量と時間的な制約によって授業が「中世前期の武士」の内容に留まったことが三点目である。品川については中世だけでも品川湊[39)]や寺院[40)]などの研究も盛んであり，他の時代に目を向ければ大森貝塚や品川宿など教材は豊富にあるため，これらを授業に反映していくことが課題である。

おわりに

冒頭で私立校における地域史学習の難点に触れたが，教員側からすれば公立校と違い，基本的には転勤がない私立校教員の方が，長期にわたって地域史を研究することができるため，その学習の実践に適していると言える。

品川の地が突出して史料に恵まれているわけではなく，各地域でも特色を活かした授業を展開できると考える。読者の先生方にはぜひ自治体史を手に取っていただいて，地域に合わせた実践に取り組んでもらうことを願っている。

史料編

※史料ごとの注釈は『日本国語大辞典』『日本歴史地名大系』を抜粋利用した。

史料１　源頼朝下文（田代文書）

【本文】

（端裏書）
「しなかわの□めんの御くたし文」

（花押）

下　品河三郎所知

可早免除有限仏神事外

品川郷雑公事事

右件雑事，有限仏神

事外，所令免除也，廣元

令存也，仍下知如件，以下

元暦元年八月七日

【読み下し文】

「しなかわの□めんの御くたし文」

（源頼朝）（花押）

下す　品河三郎（清実）所知（しょち）

早く免除すべき有限（うげん）の仏神事の外，品川郷雑公事（ぞうくじ）の事

右，件の雑事，有限の仏神事の外，免除せしむる所なり，広元（ひろもと）存ぜしむるなり，

仍て下知（げち）件のごとし，以て下す，

元暦（1184）元年八月七日

【語釈】

＊雑公事…荘園領主が各地の荘園から収納した雑税の一種。日常の生活必需

品が納められた。

【現代語訳】

「品川の［　　　　］めんの御下文」

（花押）

品河三郎の所領に下す。

定められた仏神事以外の品川郷の雑公事を免除する事について。

右の雑事については，定められた仏神事以外は免除する。これは大江広元も関知している。よって下知することは以上の通り。

元暦元年八月七日

【解説】

「品川」の初出文書である。大江広元と大井一族とは，広元が因幡守の際に大井実春が目代を務めていたことなど関係性がある。「田代文書」は伊豆国田代郷を本貫とする御家人で，品河氏との縁戚関係により文書が伝来している[41]。

史料１　東大史料編纂所所蔵影写本を一部改変

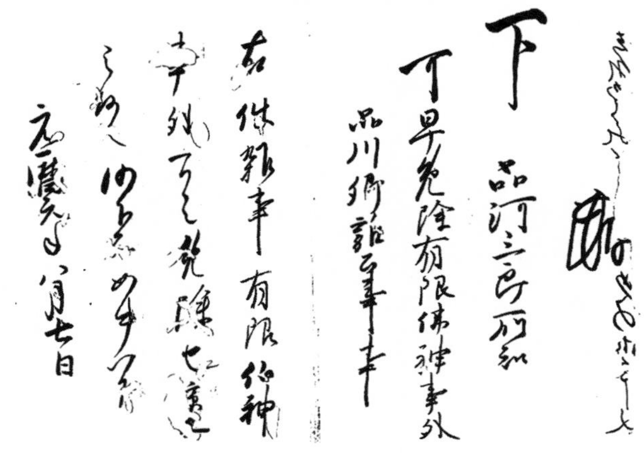
下　品河三郎所領
可早免除有限仏神事外
品川郷雑公事事
右件雑事有限仏神
元暦元年八月七日

史料 2　関東下知状（田代文書）

【本文】

可令早紀経清為地頭職所所事

一所　伊勢國員辨郡内曾原御厨

一所　武蔵國南品川郷桐井村

一所　陸奥國長世保内弘長郷

一所　和泉國草部郷

右肆箇所，任親父清實法師之譲状，

可為彼職之状，依仰下知如件，

貞應二年六月廿日

前陸奥守平（花押）

【読み下し文】

早く紀経清(きのつねきよ)をして地頭職(じとうしき)と為(な)すべき所々の事

一所　伊勢国員弁(いなべ)郡内曽原御厨(そはらのみくりや)

一所　武蔵国南品川郷桐井村

一所　陸奥国長世保(ながせのほ)内弘長(ひろなが)郷

一所　和泉国草部(くさべ)郷

右，四箇所，親父清実法師の譲状に任せ，彼の職と為すべきの状，仰せにより下知件のごとし

貞応二（1223）年六月二十日

前陸奥守平(北条義時)（花押）

【語釈】

＊紀経清…『尊卑分脈』などの系図には見えない。

＊曽原御厨…現・三重県いなべ市（旧・員弁郡員弁町楚原）。伊勢神宮（外宮）領。

＊桐井村…近世の荏原郡桐ケ谷村と推定すれば，現・東京都品川区西五反田

周辺。
＊弘長郷…現・宮城県大崎市（旧・鹿島台町）
＊和泉国草部郷…現・大阪府堺市南西部から高石市東部の一帯と推定。

【現代語訳】
紀経清をして地頭職とする所領の事
（中略）
右の４ヵ所は父の清実法師の譲状に従って，当該の地頭職に任命することは（鎌倉殿の）仰せによって下知は以上の通り。
貞應二年六月二十日
前陸奥守平（花押）

【解説】
品河清実の所領がどのように給与されていったかを考えさせたい。治承・寿永の内乱や奥州合戦による没官領であり，御家人制が「謀叛人」とされた対象を追討する国家的な側面を有していた。また，所領の拡大と戦争が不可分の関係であることにも注意を払いたい。

史料 2　東大史料編纂所所蔵影写本を一部改変

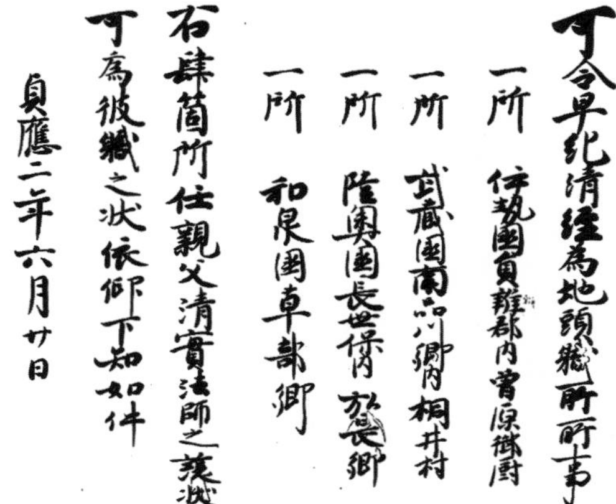
可令早紀清経為地頭職所々事
一所　伊勢国員弁郡内曽原御厨
一所　武蔵国南品河郷内桐井村
一所　陸奥国長世保内於長郷
一所　和泉国草部郷
右肆箇所任親父清実法師之譲状
可為彼職之状依仰下知如件
貞応二年六月廿日
前陸奥守平

史料 3　将軍家政所下文（田代文書）

【本文】

将軍家政所下　近江國野洲南郡内三宅郷住人

　補任地頭職事

　　品河四郎入道成阿

右人，承久勲功之賞所宛給也，者，為彼職

任先例可致沙汰之状，所仰如件，以下

　仁治三年四月五日　　案主左近将曹清原

　　　　　　　　　　　知家事弾正忠清原

令左衛門少尉清原[在判]

別當前武蔵守平朝臣[御判]

　前攝津守中原朝臣

　前陸奥守源朝臣

　前美濃守清原朝臣

　前甲斐守大江朝臣

武蔵守平朝臣

散位藤原朝臣

「任此状，可令領掌之由，依仰下知如件，

元亨元年十月廿日　　相模守御判

前武蔵守御判」

【読み下し文】

将軍家政所下す　近江国野洲(やす)南郡内三宅郷住人

補任する地頭職の事

品河四郎(春員)入道成阿(じょうあ)

右の人，承久勲功の賞として宛(あ)て給う所なり，てへれば，彼の職として先例に任せ沙汰致すべきの状，仰せの所，件のごとし，以て下す，

仁治三年(1242)四月五日　　案主左近将曹(あんじゅさこんのしょうそう)清原

知家事弾正忠(ちけじだんじょうちゅう)清原

令(れい)左衛門少尉清原在判

別當(べっとう)前武蔵守平朝臣(北条泰時)御判

前攝津守中原朝臣

前陸奥守源朝臣

前美濃守清原朝臣

前甲斐守大江朝臣

武蔵守平朝臣

散位(さんに)藤原朝臣

「此の状に任せ，領掌せしむべきの由，仰せにより下知件のごとし

元亨元年(1321)十月二十日　　相模守(北条高時)御判

前武蔵守(金沢貞顕)御判」

【語釈】

＊三宅郷…現・滋賀県守山市三宅町。

＊案主…文書・記録などの作成・保管にあたった職員。
＊左近将曹…近衛府の主典（さかん）。
＊知家事…鎌倉幕府の政所の職員の１つ。別当・令の指揮下で案主とともに事務を分掌したもの。将軍家政所下文には，この四者が必ず連署した。定員１名。
＊弾正忠…弾正台の判官。
＊令…将軍家政所の職員。別当を補佐した。
＊別當…政所の長官。この地位が執権と呼ばれた。
＊散位…位階だけがあって，官職のないこと。
＊「　　」内の追筆は授業で扱わなかった。

【現代語訳】

将軍家政所が下す　近江国野洲南郡内の三宅郷住人へ。
品河四郎入道成阿を地頭職に任命することについて。
右の人に承久の乱の恩賞として，（地頭職を）給与する。ということであるので，当該の地頭職を先例に則って知行することは（鎌倉殿の）仰せは以上の通り。
（後略）

【解説】

承久の乱による新恩給与である。品河春員は『吾妻鏡』で承久の乱の負傷者として記載があるため，その恩賞として地頭に補任されたのであろう。三宅郷は後鳥羽院方であった承久没収地にあたる。「承久の乱で幕府の勢力が西日本にも拡大した」などと教科書にも書かれているが，史料からそれを読み取らせることも可能であろう。

史料 3　東大史料編纂所所蔵影写本

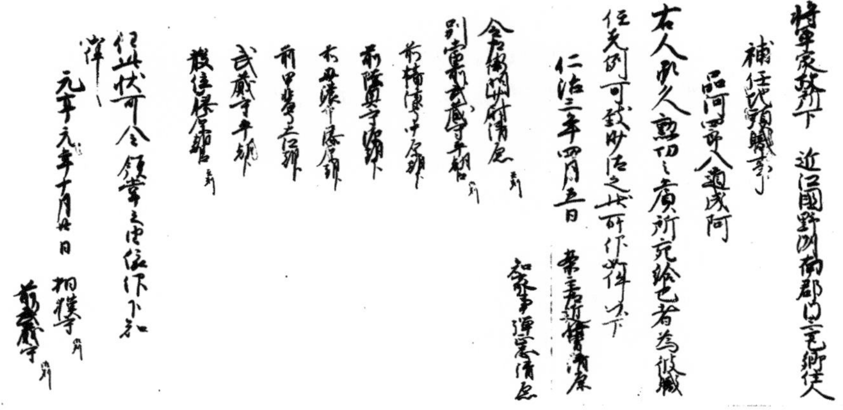

史料 4　大井蓮実譲状写（大井文書）

【本文】

譲渡　処分事

　子息彦次郎頼郷所

武蔵國荏原郡内大杜・永富両郷地（頭）◦職，伊勢國

鹿取荘内上郷地頭職并鎌倉屋地，於東西

南北堺者，見親父さ衛門尉譲状，(後欠)

　　弘安元年九月十七日　沙弥蓮實

【読み下し文】

譲渡す　処分の事

　子息彦次郎頼郷(よりさと)の所

武蔵国荏原(えばら)郡内大杜・永富両郷地頭職，伊勢国鹿取荘(かとりのしょう)内上郷地頭職ならびに鎌倉屋地，東西南北の堺においては，親父さ衛門尉(大井実春)の譲状に見ゆ（後欠）

　　弘安元年(1278)九月十七日　沙弥(しゃみ)蓮実

【語釈】

＊鹿取荘…現・三重県桑名市多度町。聖護院領であった。

＊沙弥…剃髪しているが在俗の生活を行っている者。

【現代語訳】

処分地を譲渡することについて

子の彦次郎頼郷の分

武蔵国荏原郡内大杜郷・永富郷の地頭職，伊勢国鹿取荘内上郷の地頭職並びに鎌倉屋敷，東西南北の境においては，父の左衛門尉（さえもんのじょう）の譲状に書かれている（後欠）

弘安元年九月十七日　沙弥蓮実

史料４　『品川区史』より転載，一部改変

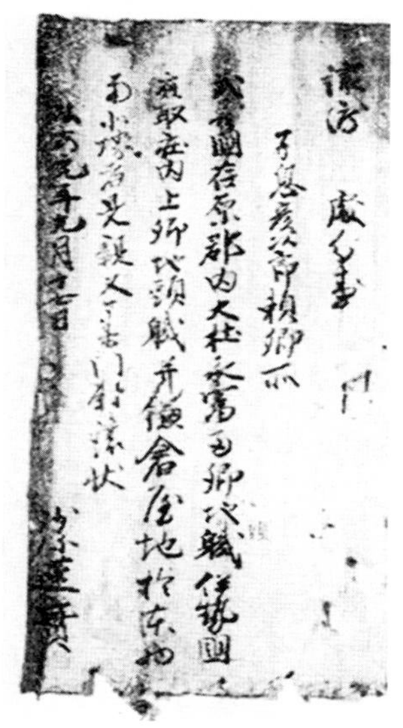
譲渡　處分事
子息彦次郎頼郷分
武蔵国荏原郡内大杜永富両郷地頭職伊勢国
鹿取荘内上郷地頭職并鎌倉屋地於東西
南北境者見父左衛門尉譲状
弘安元年九月十七日
沙弥蓮実

史料5　大井頼郷譲状写（大井文書）

【本文】

譲渡　ちやくし薬次郎殿

一所むさしのくにゑわらのこほりの内
大もりなかとみ両郷

一所同郡之内つゝみの郷中にかう大夫入道・次郎太郎等
たさいけならひにてつくり

一所いせのくにかとりかみ郷ちとうしきならひに
鎌倉之地一所いまこうち

右くたんの所ハ頼郷重代相傳之所領也,

仍而手つきの譲状幷ニ代々あひそへて

しそく薬次郎ニ譲了，このうちにしやてい

又いもをとのふんにやしないてんを，代々

前（別カ）之譲状これあり，聊うたかひあるへからす,

のちのためにしちをもてす，如件,

弘安七年八月十六日　　　　左衛門尉在判

【読み下し文】

譲渡す　ちゃくし薬次郎殿

（中略）

右，くたんの所は頼郷重代相伝の所領なり,

仍て手つきの譲状ならびに代々あひそへて

しそく薬次郎に譲りおわんぬ，このうちにしやてい

又いもうとのぶんにやしないでんを代々

別の譲状これあり，聊かうたがいあるべからず,

のちのためしちをもてす，件のごとし,

弘安(1284)七年八月十六日　　　　左衛門尉(大井頼郷)在判

【語釈】

＊田在家…東国において課役の賦課単位であった在家が田地と一括して領主に把握されるようになったもの。

＊手作…領主が農民に労役を課したり，雇用したりして田畑を直接経営すること。

【現代語訳】

嫡子薬次郎殿に譲渡する事

一所　武蔵国荏原郡内の大杜・中富両郷

一所　同郡内堤郷中にこう大夫入道，次郎・太郎ら田在家並びに手作

一所　伊勢国鹿取上郷地頭職並びに鎌倉（の屋敷）今小路

右のところは大井頼郷が代々受け継いでいる所領である。そのため継承している代々の譲状と合わせて子息の薬次郎に譲る。その内，舎弟と妹の分に養い田を分けるのは，別の譲状にある。決して疑ってはならない。後のために自筆をもってこれを書いた。以上の通り。

弘安七年八月十六日　　　　左衛門尉在判

【解説】

伊勢国鹿取荘（香取荘）は，大井実春が文治元年に拝領した香取五ヵ郷がもとになっているが相続の過程で分割されていったと考えられる。武士が自筆で書いたため仮名交じりであることにも注目させたい。

また，鎌倉市今小路西遺跡からは「うしをたの三郎殿」と書かれた結番交名が出土しており，大井一族で鎌倉屋敷を共有していた可能性もある[42]。

史料５　大井頼郷譲状写（「大井文書」，『品川区史』より転載）

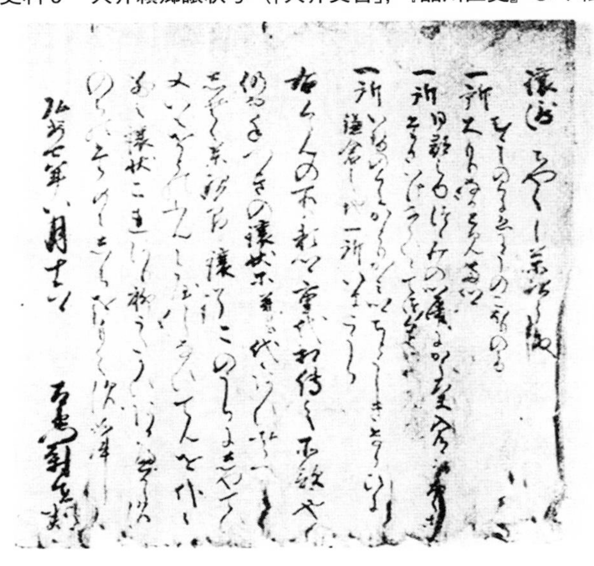

史料６　六波羅探題北条重時召状（高野山文書）

【本文】

粉河寺住僧幷品川刑部左衛門尉清尚代申，当寺領紀伊國丹生屋村與高野山領同國名手荘相論用水山畑狼藉等事，寺解副具書謹令進上候，子細載状候，此事任關東御教書之旨，相尋名手荘下司行正候之處，用水山畑事，爲新補下司之間，不知及子細，可被召尋高野山寺家沙汰人候歟云々，召給彼等，可尋決候哉，以此旨可令披露給候，恐惶謹言，

　　寛元々年七月十六日　　　　相模守重時（裏花押）

　進上　大夫僧都御房

【読み下し文】

粉河寺（こかわでら）住僧ならびに品川刑部左衛門尉（ぎょうぶさえもんのじょう）清尚代（だい）申す，当寺領紀伊国丹生屋（にうや）村と高

野山領同国名手荘相論する用水・山畑・狼藉等の事，寺解具書を副う，謹んで進上せしめ候，子細は状に載せ候，此の事，関東御教書の旨に任せ，名手荘下司・行正に相尋ね候の処，用水・山畑の事，新補の下司たるの間，子細を及び知らず，高野山の寺家沙汰人を召し尋ねらるべく候かと云々，彼らを召し給い，尋ね決すべく候や，此の旨を以て披露せしめ給うべく候，恐惶謹言，

　　寛元々年(1243)七月十六日　　　　相模守重時（裏花押）

　進上　大夫僧都御房

【語釈】

　＊粉河寺…和歌山県紀の川市にある，かつて天台宗だった寺院。

　＊丹生屋村…現・和歌山県紀の川市の一部。京都の聖護院が領家であった。

　＊名手荘…現・和歌山県紀の川市東部にあった荘園。大塔の灯油料に充てられた高野山にとって重要な荘園であった。

　＊寺解…寺院から官司に提出する公文書。

　＊関東御教書…鎌倉時代，将軍の意を承って出される奉書。

【現代語訳】

　粉河寺住僧と品河刑部左衛門尉清尚の代官が，当寺領紀伊国丹生屋村と高野山領紀伊国名手荘が争っている用水と山畑，不法行為などについて上申している。寺解を謹んで提出します。詳細は書状に記載しています。これについては，関東御教書の趣旨に従って名手荘下司の行正に照会したところ，用水や山畑については，新しく任命された下司であるため，詳細を知らないので，高野山の寺家沙汰人を呼び出して尋ねるのがいいでしょう，とのことでした。彼ら（寺家沙汰人）を呼び出して裁決することはできるでしょうか。この内容について，（寺内で）告知してください。恐れながら申し上げます。

　　寛元元年七月十六日　　　　相模守北条重時（裏花押）

　進上　大夫僧都御房

【解説】

粉河寺は三井寺と関係が深く，聖護院の末寺としての位置づけだった。高野山領名手荘との相論でも，互いに上級領主の聖護院と東寺が支援をしている[43)]。

史料 7　関東御教書案（高野山文書）

【原文】

「關東御教書案」
紀伊國丹生屋村地頭品河左衛門尉清
尚申，同國名手荘沙汰人百姓等，
致度々狼藉之由事訴状副具書
如此，早可令尋成敗給，若又有殊
子細者，可被注申之状，依仰執達
如件
　正嘉元年九月廿七日　武蔵守在判
　　　　　　　　　　　相摸守在判
陸奥左近大夫将監殿

【読み下し文】

紀伊国丹生屋村地頭品河左衛門尉清尚申す，同国名手荘沙汰人・百姓等，度々の狼藉を致すの由の事，訴状具書を副う此のごとし，早く尋ね成敗せしめたまうべし，若し又殊の子細有らば注申せらるべきの状，仰せにより執達(しったつ)件のごとし，

　正嘉(1257)元年九月廿七日　武蔵守(赤橋長時)在判
　　　　　　　　　　　相摸守(北条政村)在判
陸奥左近大夫将監殿(北条時茂)

【現代語訳】

紀伊国丹生屋村地頭の品河左衛門尉清尚が訴えている同国名手荘の沙汰人・百

姓たちが，何回も不法行為をしている事については，訴状の通りである。（添付の訴状もある）早く尋問して処罰せよ。もし特別な事情があれば，上申しなさい。仰せに従って以上の通り下達する。

　正嘉元年九月廿七日　武蔵守在判
　　　　　　　　　　　相摸守在判

陸奥左近大夫将監殿

【解説】

　丹生屋村と名手荘は，鎌倉時代から室町時代にわたって用水や境界をめぐって争った。品河氏は丹生屋村の地頭として介入した。本史料では品河清尚の訴状を受けて，幕府が六波羅探題の北条時茂に名手荘住人らを尋問するよう命じている。なお，武蔵守（赤橋長時）が執権，相模守（北条政村）が連署として署名している関東御教書であり，彼らが何の役職なのかなどを発問するのもよいだろう（「幕府の機関で西国について統括しているのはどこか？」→「六波羅探題＝陸奥左近大夫将監」）[44]。

大井一族略系図
（『尊卑分脈』，「田代文書」，「大井文書」から作成）

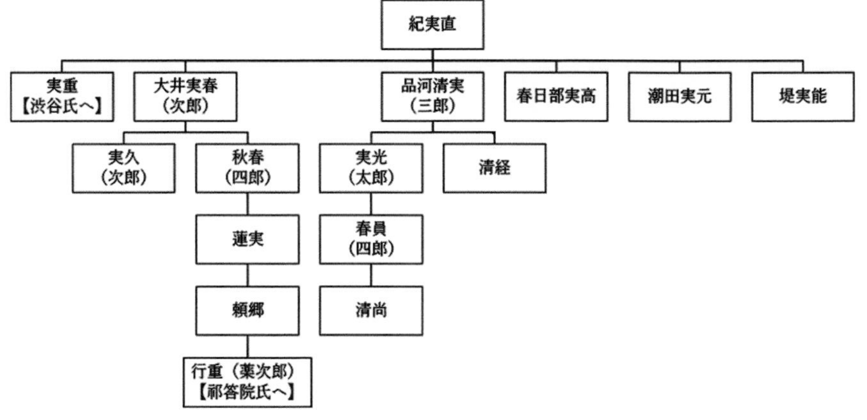

【注】

1) 「授業で習う歴史なんて中央の権力者や知識人がどうしたこうしたということで，自分たちには関係ないと思っている彼ら（引用者註：子どもたち）に，そうではなく，自分たちが生活している地域にも学ぶべき歴史があるということを実感させることができる」（加藤公明「地域史と通史の歴史教育における価値について」『千葉史学』61，2012年，85頁）
2) 博学連携については，白井哲哉「博物館・学校教育・歴史認識」（『歴史評論』621，2002年），藤野敦「学校教育における地域史学習の現状と課題」（『地方史研究』300，2002年）など。自治体史を活用した例については風間洋「中世古文書を教材化する試み」（『日本史攷究』45，2021年）。『日本歴史』836（2018年）は自治体史特集だが，初等中等教育における論考はなかった。
3) 『品川区史　通史編　上巻』（1973年）。中世の執筆担当は高島緑雄。
4) 品川区立品川歴史館『鎌倉武士西に走り，トランジスタ海を渡る』（2002年），『東京湾と品川』（第２版，2016年）
5) 貝塚爽平『東京の自然史』（講談社学術文庫，2011年，初出1979年），渡辺千代子「目黒の地形」（山崎憲治編『めぐろシティカレッジ叢書３　地域に学ぶ』二宮書店，2003年）
6) 品川区教育委員会編『品川区史料（十三）　品川の地名』（2000）
7) 主な参考文献として注３）の『品川区史　通史編』や関幸彦「御家人品河氏の西遷」（『品川歴史館紀要』８，2003年），落合義明「源頼朝と東京湾」（『中世東国の「都市的な場」と武士』山川出版社，2005年），五味文彦「大井・品川の人々と大江広元―源頼朝・義経とその時代―」（『品川歴史館紀要』24，2009年）など。
8) 『新訂増補国史大系　第六十巻下　尊卑分脈　第四編』（吉川弘文館，1967年，204-218頁）
9) 長男の実重は武蔵武士として有力な秩父平氏の渋谷氏の養子となっている。
10) 注７）落合前掲論文
11) 『吾妻鏡』元暦元年三月二十二日条，同年五月十五日条。
12) 『吾妻鏡』建久二年二月四日条
13) 『吾妻鏡』文治元年十月二十四日条
14) 『吾妻鏡』文治元年二月一日条
15) 小山靖憲「中世村落の展開と用水・堺相論―高野山領名手荘と粉河寺領丹生屋村―」（『中世村落と荘園絵図』東京大学出版会，1987年，初出1981年），高木徳郎『日本中世地域環境史の研究』（校倉書房，2008年）。
16) 近年の御家人研究については，秋山哲雄「都市鎌倉の東国御家人」（『北条氏権力と都市鎌倉』吉川弘文館，2006年，初出2005年），菊池浩幸・清水亮・田中大喜・長谷川裕子・守田逸人「中世在地領主研究の成果と課題」（『歴史評論』674，2006年），大井教寛「在地領主の拠点開発と展開」（『地方史研究』396，2018年）など。なお，2022年に国立歴史民俗博物館で「中世武士団」の企画展示が行われたが，本実践はその研究成果に多く拠っている。（『中世武士団―地域に生きた武家の領主―』（人間文化研究機構国立歴史民俗博物館編，2022年）

17）綿貫友子「紀伊から関東へ」（『品川歴史館紀要』17，2002年）

18）本実践では職能論的武士論に基づいて解説した。元木泰雄『武士の成立』（吉川弘文館，1994年）を参照。

19）『新訂増補国史大系　第三十二巻　吾妻鏡　前篇』（吉川弘文館，1964年）を使用。

20）『品川区史　資料編』（1971年）中世編１号文書（以下，品○号と表記），『平安遺文』4190号。

21）黒川高明『源頼朝文書の研究　研究編』（吉川弘文館，2014年，33頁）

22）「日本古文書ユニオンカタログ」より検索。「田代文書」１，請求番号3071.91-29，６丁表裏（8-9.tif）。

23）品5号・『鎌倉遺文』3120号（以下，鎌遺○○号と表記）。「田代文書」１，請求番号3071.91-29，14丁表-15丁裏（16-18.tif）。

24）高島緑雄・峰岸純夫・柘植信行・北原進「座談会　江戸湾岸の中世史」（『史誌』36，1992年）

25）品６号・鎌遺6011号。「田代文書」１，請求番号3071.91-29，21丁表-22丁裏（23-24.tif）。

26）『吾妻鏡』承久三年六月十八日条「六月十三日十四日宇治橋合戦手負人々」

27）品14号・鎌遺13177号。写真は『品川区史　通史編　上巻』242頁。

28）品16号・鎌遺15280号。写真は同上，246頁。

29）高島緑雄「補訂　薩摩大井文書」（『駿台史学』65，1985年），池永二郎「大井文書と大井氏をめぐって」（『史誌』31，1989年）。

30）松吉大樹「鎌倉市今小路西遺跡出土の結番交名木札について」（『都市史研究』１，2014年）

31）品７号・鎌遺6201号。

32）品11号・鎌遺8151号。

33）注15）参照。

34）勤務校の中学生の教科書は帝国書院『社会科　中学生の歴史』（令和２年文部科学省検定済）を使用している。

35）この他，『品川区史』は現在では「しながわデジタルアーカイブ」（https://

adeac.jp/shinagawa-city/top/）によって，web 上でも閲覧が可能になっている。
36）2015年から和泉書院で刊行されている。
37）注６）参照。
38）風間洋「中世鎌倉人に思いを馳せよう」（『地方史研究』394，2018年）。
39）綿貫友子『中世東国の太平洋海運』（東京大学出版会，1998年）
40）栢植信行「中世品川の信仰空間」（『品川歴史館紀要』６，1991年），同「品川水辺の神仏の情景」（『品川歴史館紀要』36，2021年）
41）五味文彦「大井・品川の人々と大江広元」（『品川歴史館紀要』24号，2009年）
42）『吾妻鏡』文治元年十一月十二日条，注16）秋山前掲論文，注30）参照。
43）高木徳郎「中世粉河寺の成立と展開」（『日本中世地域環境史の研究』校倉書房，2008年）
44）注15）小山前掲論文。
※史料の注釈は，『日本国語大辞典』『日本歴史地名大系』を引用。

【参考文献】

秋山哲雄・田中大喜・野口華世編『増補改訂新版　日本中世史入門―論文を書こう―』（勉誠出版，2021年）
川合康『源平合戦の虚像を剥ぐ―治承・寿永内乱史研究―』（講談社，2010年，初出1996年）
佐藤進一『新版　古文書学入門』（法政大学出版局，2003年）
元木泰雄『武士の成立』（吉川弘文館，1994年）

執筆者一覧

＊高木徳郎　早稲田大学教育・総合科学学術院教授（第１章，第３章）
髙橋　傑　慶応義塾高等学校教諭，早稲田大学教育学部非常勤講師（第２章）
丸山航平　早稲田大学大学院教育学研究科博士後期課程，
淑徳巣鴨中学・高等学校非常勤講師（第４章）
風間　洋　鎌倉学園中学校・高等学校教諭，
早稲田大学教育学部非常勤講師（第５章）
前田理志　攻玉社中学校・高等学校教諭（第６章）
（執筆順，＊は編集者）

『探究』型授業のモデルと実践
—日本中世を事例に—
［早稲田教育叢書42］

2024年３月30日　第１版第１刷発行

編著者　高木徳郎

編纂所　早稲田大学教育総合研究所
〒169-8050　東京都新宿区西早稲田１－６－１　電話　03（5286）3838

発行者　田　中　千津子
発行所　株式会社　学　文　社
〒153-0064　東京都目黒区下目黒３-６-１
電　話　03（3715）1501（代）
ＦＡＸ　03（3715）2012
https://www.gakubunsha.com

Printed in Japan　印刷所　東光整版印刷株式会社

ISBN978-4-7620-3296-7